A-Z BLAC[K]

CONTENT[S]

REFERENCE

Motorway	M55	Car Park Selected	P
A Road	A585	Church or Chapel	†
B Road	B5261	Fire Station	■
Dual Carriageway		Hospital	H
One-way Street Traffic flow on A roads is indicated by a heavy line on the drivers' left.	➡	House Numbers A & B Roads only	246 213
		Information Centre	i
Restricted Access		National Grid Reference	335
Pedestrianized Road		Police Station	▲
Track & Footpath		Post Office	★
Residential Walkway		Toilet with facilities for the disabled	▽ ♿
Railway	Station Level/Crossing	Educational Establishment	
Tramway	Tram Stop	Hospital or Hospice	
Built-up Area	HYDE RD	Industrial Building	
		Leisure or Recreational Facility	
Local Authority Boundary		Place of Interest	
Postcode Boundary		Public Building	
Map Continuation	16	Shopping Centre or Market	
Large Scale	3	Other Selected Buildings	

SCALE

Map Pages 4-27 1:19000 3.33 inches to 1 mile	Map Pages 2-3 1:9500 6.7 inches to 1 mile
0 ¼ ½ Mile	0 ⅛ ¼ Mile
0 250 500 750 Metres 5.26cm to 1km 8.47cm to 1 mile	0 125 250 375 Metres 10.52cm to 1km 16.94cm to 1 mile

Geographers' A-Z Map Company Limited

Head Office :
Fairfield Road, Borough Green, Sevenoaks, Kent TN15 8PP
Tel: 01732 781000 (General Enquiries & Trade Sales)
Showrooms :
44 Gray's Inn Road, London WC1X 8HX
Tel: 020 7440 9500 (Retail Sales)
www.a-zmaps.co.uk

EDITION 4   2000
Copyright © Geographers' A-Z Map Co. Ltd.   2000

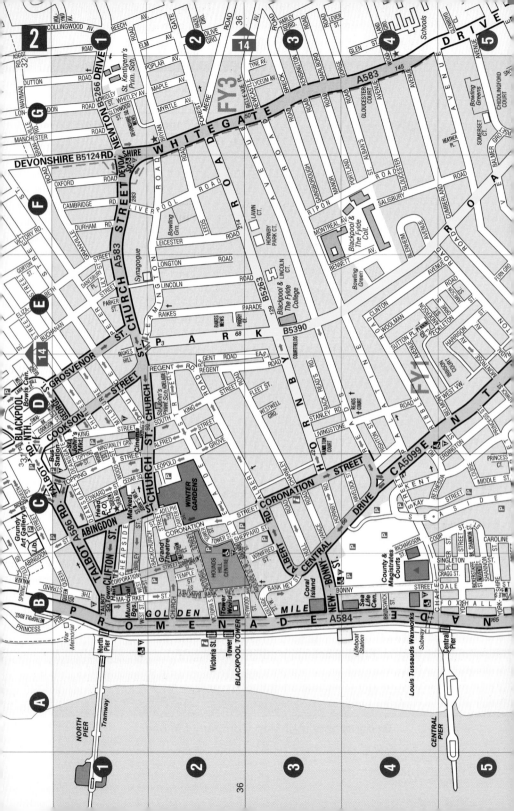

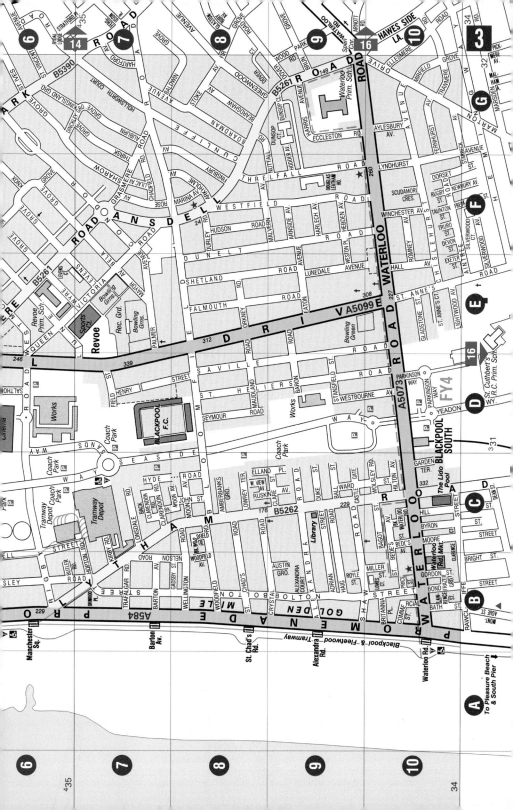

8

A Little Height o' Th' Hill

Burrow's Marsh
45

336

High Gate Farm

B

C STALMINE

Allenville
Ash Lea

D

Prim. Sch.

E

Old Hall

Moor End

A588

STRICKLAND'S LA.

Moor End House

Moor End Farm

1

2

Burrow's Farm

The Willows

Carr End

Cold Row

Fir Tree Farm

N E D'S

Trees

Holme Wood

44

Carter's Farm

Gaskells Farm

Danson's Farm

Longlands Farm

Smithy Farm

Carr Bridge

SUNSET HOLIDAY HAMLET

Tarzan's Adventureland

Bank Farm

STAYNALL

LANE

STAYNALL

HAMBLETON COUNTRY PARK

STAYNALL

Staynall Leeches

New Carr Farm

Sower Carr Farm

Premium Farm

3

Bank House Farm

Caravan Park

WARDLEY'S

NEW ROAD

BRICK HOUSE LANE

A588

SOWER CA

Sower Carr

Sower Carr

7

R I V E R

Brick House

4

WYRE ESTUARY COUNTRY PARK

HOLIDAY KING PARK

43 RIVER RD.

P

Prospect Hill Farm

FY6

Wyreside Ecology Centre

Brook Vale

5

Stanah House Farm

Wardley's Pool

Kiln Lane Farm

LN

KILN LANE

RYDAL

HAMBLETON

Crooklands Farm

W Y R E

THE SHORE

THE CONIFERS

WILTON GR.

CONISTON AV.

ULLSWATR

BIRCHWOOD

INGOL

CARR RD.RYECROFT PL.

SYDNEY

MARKET

ARTHURS

Hamb. Prim.

taina Farm

UNDERBANK

FY5

Silcock's Cottages

BLUEBELL

RIVERSIDE DR.

WILLOWCROFT DR.

WYRESIDE

RIVERSIDE

PETOFT

SHERBOURNE

RYDAL

HALL

SYDNEY

CARR RD.

ST. PAULS LA.

FARMON WALK

STREET

GDNS

CHURCH LANE

GRANGE

Sports Ground

Aylesbury House

Nestleton

6

UNDERBANK RD.

ROAD

SALT MARSH

LA.

BROADPOOL LA.

SANDICROFT

MEADOWCROFT AV.

PETOFT

GREEN MEADOW

SHANE

MEADOW

SUNNY BANK FM. IND.EST.

PAULS LA.

Sunny Bank

ROAD

The Grange

42

Peg's Pool

Salt Coat Bridge

Primrose Hill

The Park

7

ROAD

Thornton Hall Farm

SHARD RD.

A588

SHARD LANE

BULL PARK

LITTLE THORNTON

A Blackpool & Yacht Club

336 Breakwater

Bank Farm

Bank Wood

Bank House

B

12

Point Shard

C

Grizedale Lea

Parkhill

Great Toulbrick Farm

D

Primrose Hill

Toulbrick Farm

E

Thornton

37

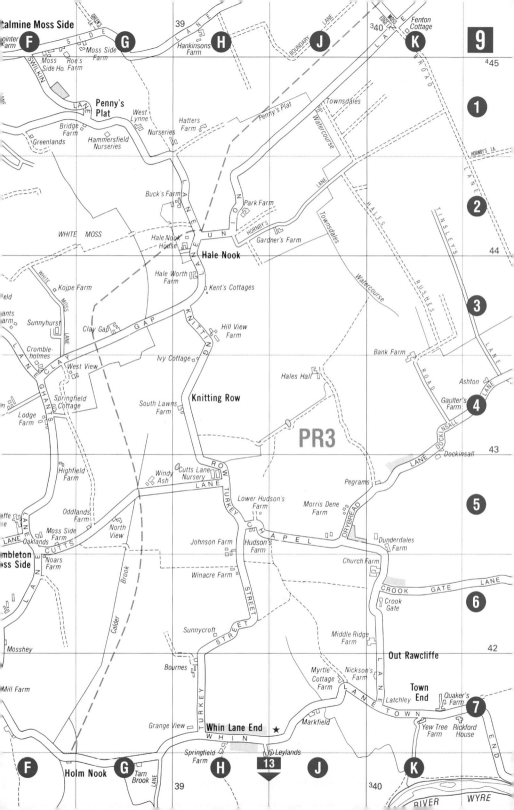

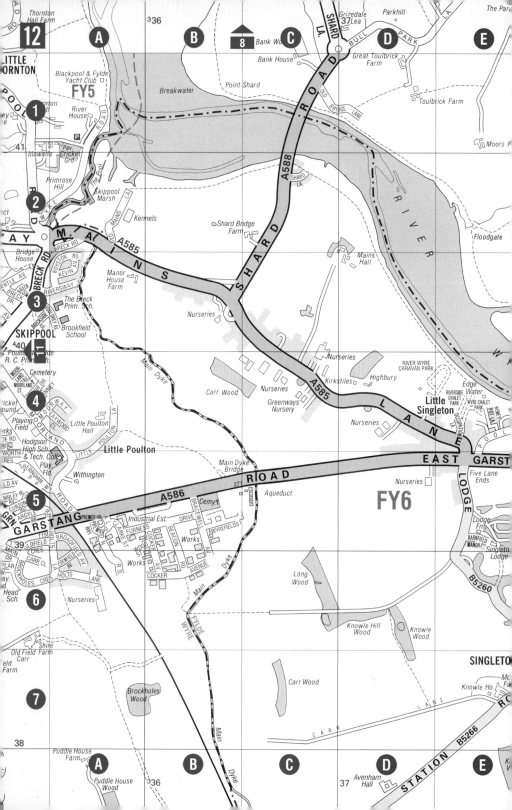

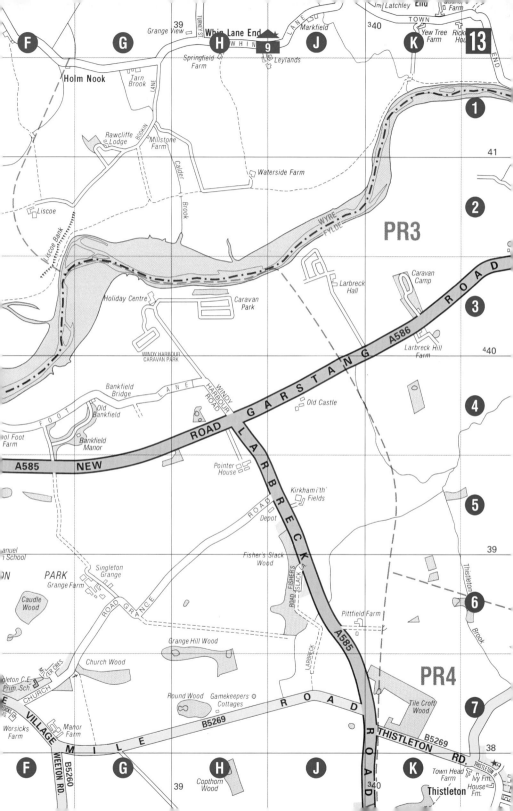

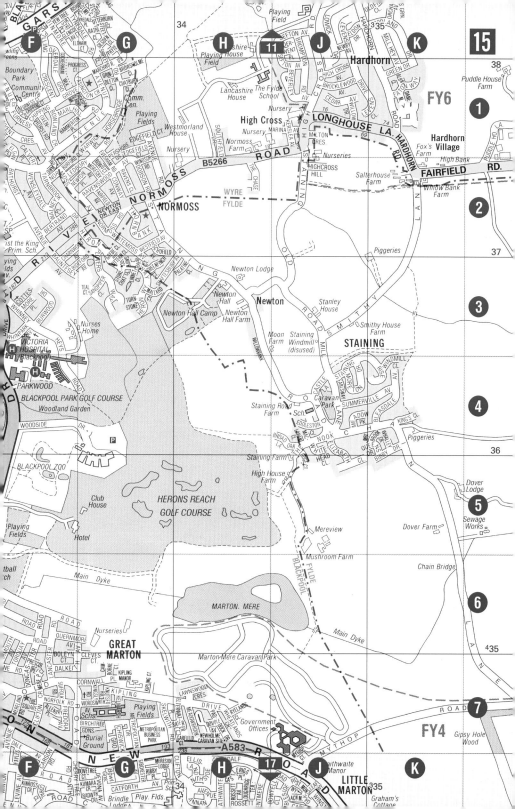

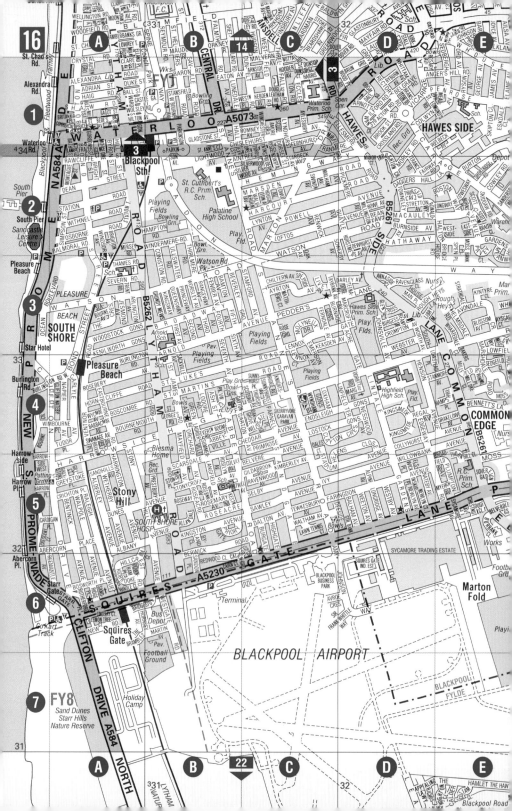

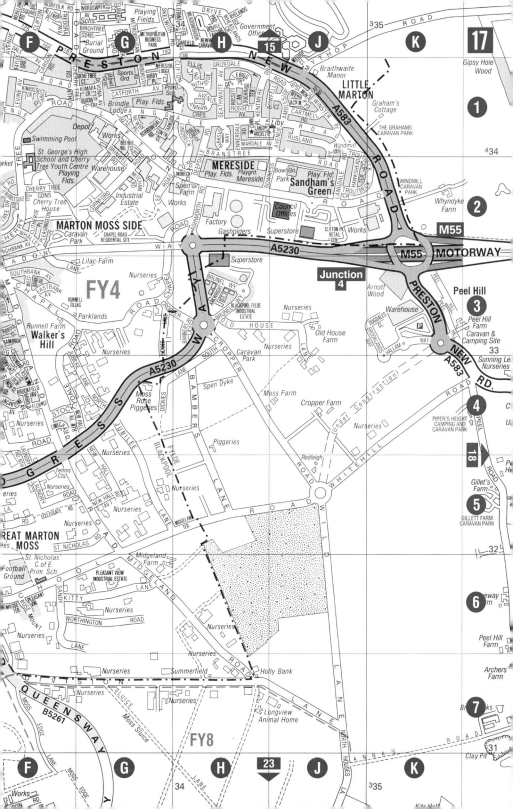

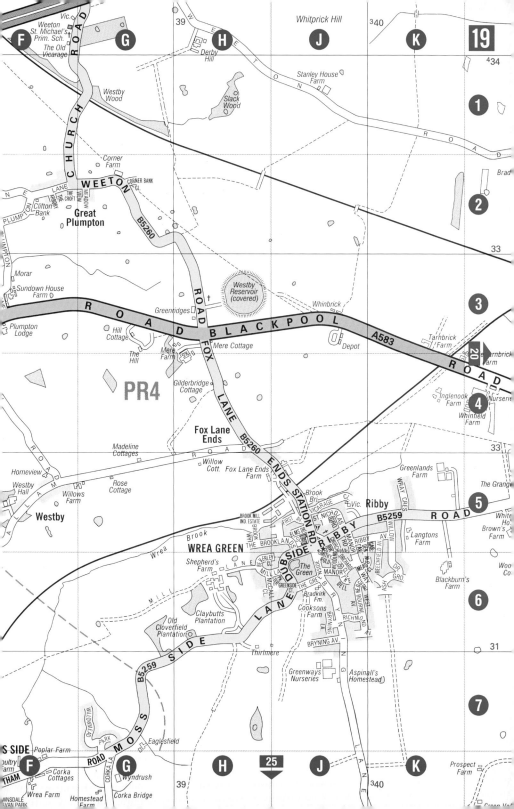

19

Whitprick Hill

340

⁴34

F G H J K

1

Weeton St. Michael's Prim. Sch.
The Old Vicarage
Vic.
39
Derby Hill
Stanley House Farm
Brad

CHURCH ROAD

Westby Wood

Slack Wood

2

Corner Farm

WEETON LANE
THE CROFT
THE MEADOW
CORNER BANK CL.
Clifton Bank

Great Plumpton

B5260

33

Morar
Sundown House Farm

Westby Reservoir (covered)

Greenridges
†
Whinbrick

3

Plumpton Lodge

ROAD
FOX LANE
BLACKPOOL
A583

Hill Cottage
The Hill
Mere Farm
Mere Cottage
Gilderbridge Cottage

Depot

Tarnbrick Farm
20
Tarnbrick Farm

ROAD

PR4

Fox Lane Ends

B5260
STATION RD.

Inglenook Farm
Nurseri
Whinfield Farm

4

33

Madeline Cottages
Willow Cott.
Fox Lane Ends Farm

ROAD

Homeview
Westby Hall
Willows Farm
Rose Cottage

Brook Bri
VICARAGE
Vic. Ribby
Greenlands Farm
WRAY CRES
The Grange

5

Westby

BROOK MILL IND. ESTATE
FIRST AV.
ST NICHOLAS
ELMS DR.
THE BROOKLANDS
B5259 ROAD
White Ho.
Brown's Farm

Brook

WREA GREEN

Shepherd's Farm

MILL LANE
McCALL CL.
ERLEN
GREENSIDE
THE GREEN
The Green
MANOR
BELL
Langtons Farm

Woo
Co

6

Old Cloverfield Plantation
Claybutts Plantation

SIDE LANE
DUBSIDE
RIBBY
Bradkirk Fm.
Cooksons Farm
BRYNING LA.
BRYNING AV.
Blackburn's Farm

31

Thirlmere
B5259

Greenways Nurseries
Aspinall's Homestead

7

S SIDE
Poplar Farm
Eaglesfield
Prospect Farm

MOSS
ROAD
WILLOWTREE
PARK
CORKA LA.

THAM
Wrea Farm
Corka Cottages
Wyndrush
Corka Bridge
Homestead Farm

F G H J K

39
25
340

INSDALE
VAN PARK

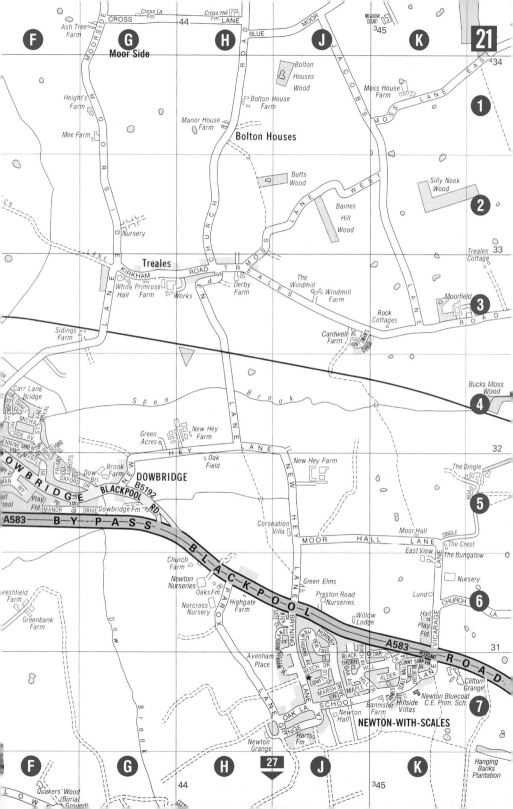

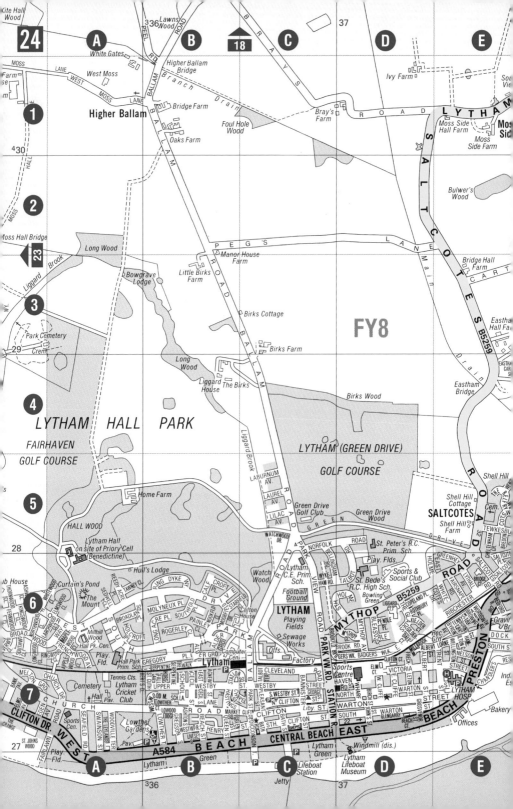

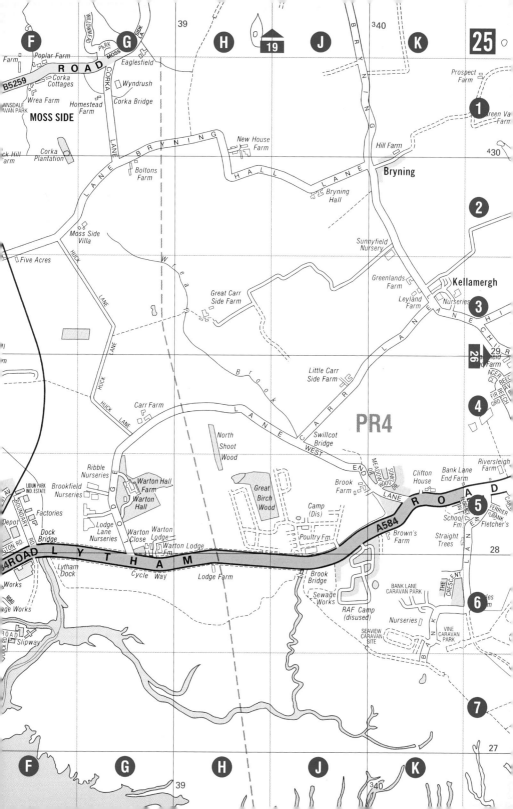

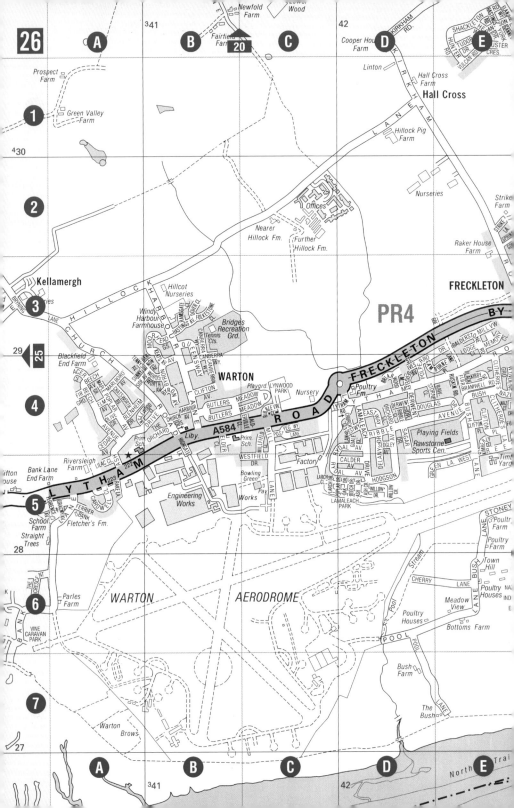

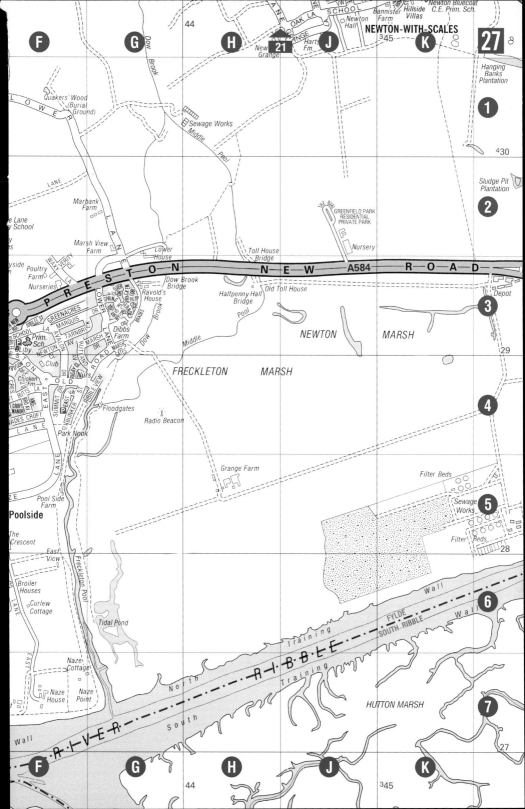

INDEX

Including Streets, Selected Subsidiary Addresses
and Selected Places of Interest.

HOW TO USE THIS INDEX

1. Each street name is followed by its Posttown or Postal Locality and then by its map reference; e.g. Abbey Rd. *Blac* —4B **16** is in the Blackpool Posttown and is to be found in square 4B on page **16**. The page number being shown in bold type. A strict alphabetical order is followed in which Av., Rd., St., etc. (though abbreviated) are read in full and as part of the street name; e.g. Abbotsford Rd. appears after Abbots Clo. but before Abbots Row.

2. Streets and a selection of Subsidiary names not shown on the Maps, appear in the index in *Italics* with the thoroughfare to which it is connected shown in brackets; e.g. *Addison Ct. Kno S—1J* **5** *(off Esplanade)*

3. An example of a selected place of interest is **Ashton Gardens. —4C 22**

4. Map references shown in brackets; e.g. Adelaide St. *Blac* —4A **14** (2C **2**) refer to entries that also appear on the large scale pages 2 & 3.

GENERAL ABBREVIATIONS

All : Alley
App : Approach
Arc : Arcade
Av : Avenue
Bk : Back
Boulevd : Boulevard
Bri : Bridge
B'way : Broadway
Bldgs : Buildings
Bus : Business
Cvn : Caravan
Cen : Centre
Chu : Church
Chyd : Churchyard
Circ : Circle
Cir : Circus
Clo : Close
Comn : Common
Cotts : Cottages

Ct : Court
Cres : Crescent
Cft : Croft
Dri : Drive
E : East
Embkmt : Embankment
Est : Estate
Fld : Field
Gdns : Gardens
Gth : Garth
Ga : Gate
Gt : Great
Grn : Green
Gro : Grove
Ho : House
Ind : Industrial
Info : Information
Junct : Junction
La : Lane

Lit : Little
Lwr : Lower
Mc : Mac
Mnr : Manor
Mans : Mansions
Mkt : Market
Mdw : Meadow
M : Mews
Mt : Mount
Mus : Museum
N : North
Pal : Palace
Pde : Parade
Pk : Park
Pas : Passage
Pl : Place
Quad : Quadrant
Res : Residential
Ri : Rise

Rd : Road
Shop : Shopping
S : South
Sq : Square
Sta : Station
St : Street
Ter : Terrace
Trad : Trading
Up : Upper
Va : Vale
Vw : View
Vs : Villas
Vis : Visitors
Wlk : Walk
W : West
Yd : Yar

POSTTOWN AND POSTAL LOCALITY ABBREVIATIONS

Ans : Ansdell
Blac : Blackpool
Blac F : Blackpool & Fylde Ind. Est.
Bryn : Bryning
Clift : Clifton (Preston)
Clif : Clifton (Swinton)
Fltwd : Fleetwood
Frec : Freckleton
Gt Plu : Great Plumpton
Hamb : Hambleton

K'ham : Kirkham
Kno S : Knott End-on-Sea
Lytham : Lytham
Lyth A : Lytham St Annes
Mart : Marton
Mos S : Moss Side
Nwtn : Newton (Carnforth)
Newt : Newton (Preston)
Out R : Out Rawcliffe
Pil : Pilling

Poul F : Poulton-le-Fylde
Poul I : Poulton Ind. Est.
Queen I : Queensway Ind. Est.
Raw : Rawtenstall
Red M : Red Marsh Ind. Est.
St A : St Annes
Salw : Salwick
Sing : Singleton
Stain : Staining
Stalm : Stalmine

This : Thistleton
T Clev : Thornton-Cleveleys
Trea : Treales
W'ton : Warton
Weet : Weeton
Wesh : Wesham
West : Westby
Whar : Wharles
W Grn : Wrea Green

INDEX

Abbey Rd. *Blac* —4B **16**
Abbeyville. *Blac* —4B **16**
Abbots Clo. *K'ham* —5F **21**
Abbotsford Rd. *Blac* —6E **14**
Abbots Row. *Lyth A* —5J **23**
Abbotts Wlk. *Fltwd* —1F **5**
Abercorn Pl. *Blac* —5A **16**
Abercrombie Rd. *Fltwd* —1E **4**
Abingdon St. *Blac* —3A **14** (1B **2**)
Acacia Clo. *T Clev* —6J **7**
Acorn M. *Blac* —1J **17**
Acre Ga. *Blac* —3D **16**
Acton Rd. *Blac* —5A **16**
Addison Ct. Kno S —1J **5**
(off Esplanade)
Addison Cres. *Blac* —3C **14**
Addison Rd. *Fltwd* —3E **4**
Adelaide Av. *T Clev* —7H **7**
Adelaide Ct. *Blac* —2D **2**
Adelaide St. *Blac* —4A **14** (2C **2**)
Adelaide St. *Fltwd* —1G **5**
Adelaide St. W. *Blac* —5A **14** (3B **2**)
Adelphi St. *Blac* —4A **14** (2C **2**)
Adlington Av. *Poul F* —5G **11**
Admiral Clo. *Lyth A* —2D **22**
Admirals Sound. *T Clev* —5B **6**
Adrian St. *Blac* —1A **16** (9B **3**)
Adstone Av. *Blac* —2E **14**
Agglebys Rd. *Poul F* —6K **5**
Agnew Rd. *Fltwd* —1E **4**
Agnew St. *Lyth A* —7B **24**
Aiken Ct. *K'ham* —4D **20**
Ailsa Av. *Blac* —7E **14**
Ainsdale Av. *Blac* —3D **10**
Ainsdale Av. *Fltwd* —3A **4**
Ainsdale Av. *T Clev* —6J **7**

Aintree Rd. *Blac* —2B **16** (10E **3**)
Aintree Rd. *T Clev* —7G **7**
Airdrie Pl. *Blac* —3D **10**
Airedale Av. *Blac* —6D **14**
Airedale Ct. *Poul F* —4H **11**
Albany Av. *Blac* —5A **16**
Albany Clo. *Poul F* —1K **15**
Albany Rd. *Fltwd* —2E **4**
Albany Rd. *Lyth A* —5H **23**
Albert Rd. *Blac* —5A **14** (3B **2**)
Albert Rd. *Lyth A* —4F **23**
Albert Sq. *Fltwd* —1G **5**
Albert St. *Fltwd* —2G **5**
Albert St. *Lyth A* —6D **24**
Albert St. *Wesh* —3C **20**
Albion Av. *Blac* —3E **14**
Alconbury Cres. *T Clev* —5B **6**
Alder Clo. *Newt* —7K **21**
Alder Clo. *T Clev* —6H **7**
Alder Ct. *Fltwd* —4B **4**
Alder Gro. *Blac* —2D **14**
Alder Gro. *Lyth A* —6B **24**
(in two parts)
Alder Gro. *Poul F* —6J **11**
Alderley Av. *Blac* —5A **16**
Alderville Clo. *W'ton* —4C **26**
Aldon Rd. *Poul I* —5A **12**
Aldwych Av. *Blac* —4D **14**
Alexander Ct. *Poul F* —5J **11**
Alexandra Ct. *Blac* —9B **3**
Alexandra Rd. *Blac* —1A **16** (9B **3**)
Alexandra Rd. *Lyth A* —4E **22**
Alexandra Rd. *T Clev* —7H **7**
Alexandra Rd. *Wesh* —2D **20**
Alexandra Dri. *Lyth A* —6E **22**
Alfred St. *Blac* —4B **14** (2D **2**)

Alisan Rd. *Poul F* —3G **11**
Allandale. *Blac* —5B **16**
Allandale Av. *T Clev* —3E **6**
Allenbury Pl. *Blac* —7F **15**
Allenby Rd. *Lyth A* —4C **22**
Allen Clo. *Blac* —4C **4**
Allen Clo. *T Clev* —6C **6**
Allen Way. *Fltwd* —4B **4**
All Hallows Rd. *Blac* —3C **10**
Allonby Av. *T Clev* —3D **6**
All Saints Rd. *Lyth A* —5D **22**
All Saints Rd. *T Clev* —2D **10**
Alpic Dri. *T Clev* —1B **10**
Alpine Av. *Blac* —5D **16**
Alston Av. *T Clev* —3C **6**
Alston Rd. *Blac* —6D **10**
Althorp Clo. *Blac* —2B **14**
Alwood Av. *Blac* —3E **14**
Amberbanks Gro. *Blac* —7A **14** (8C **3**)
Amberwood. *K'ham* —4C **20**
Ambleside Rd. *Blac* —1J **17**
Ambleside Rd. *Lyth A* —2D **22**
Amounderness Ct. *K'ham* —5E **20**
Amounderness Way. *Fltwd & T Clev*
—6E **4**
Amy Johnson Way. *Blac* —5C **16**
Amy Ter. *Lyth A* —6E **22**
Ancenis Clo. *K'ham* —4E **20**
Anchorage M. *Fltwd* —3G **5**
Anchorage Rd. *Fltwd* —4C **4**
Anchorsholme La. *T Clev* —7E **6**
Anchorsholme La. E. *T Clev* —6D **6**
Anchorsholme La. W. *T Clev* —6B **6**
Anchor Way. *Lyth A* —2D **22**
Anderson St. *Blac* —5B **14** (4E **2**)
Anger's Hill Rd. *Blac* —1D **16**

Annan Cres. *Blac* —1H **17**
Annaside Clo. *Blac* —3D **16**
Anna's Rd. *Blac* —1J **23**
Annesley Av. *Blac* —1D **14**
Annes Way. *Lyth A* —4J **23**
Ansbro Av. *Frec* —4F **27**
Ansdell Rd. *Blac* —7C **14** (7F **3**)
Ansdell Rd. N. *Lyth A* —7J **23**
Ansdell Rd. S. *Lyth A* —7J **23**
Anselm Ct. *Blac* —5A **10**
Anson Clo. *Lyth A* —2C **22**
Anson Rd. *Frec* —7E **20**
Antrim Rd. *Blac* —7C **10**
Appealing La. *Lyth A* —1D **22**
Appleby Rd. *Blac* —7C **10**
Appleton Clo. *Poul F* —6F **11**
Applewood Clo. *Lyth A* —7A **24**
Arbory, The. *Gt Plu* —2F **19**
Arden Grn. *Fltwd* —2D **4**
Ardmore Rd. *Blac* —6C **10**
Argosy Av. *Blac* —1E **14**
Argosy Ct. *Blac* —1F **15**
Argyle Rd. *Poul F* —5K **11**
Argyll Ct. *Blac* —7B **10**
(off Argyll Rd.)
Argyll Rd. *Blac* —7B **10**
Ariel Way. *Fltwd* —2E **4**
Arkholme Av. *Blac* —7C **14** (8F **3**)
Arkwright Av. *Blac* —3H **17**
Arlington Av. *Blac* —3A **16**
Armadale Rd. *Blac* —7D **10**
Armitstead Ct. *Fltwd* —4E **4**
Armitstead Way. *Fltwd* —4E **4**
Arndale Clo. *Fltwd* —4B **4**
Arnold Av. *Blac* —3B **16**
Arnold Rd. *Lyth A* —6E **24**

Arnott Rd.—Bovington Av.

Arnott Rd. Blac —1D 16 (9G 3)
Arnside Av. Blac —1C 16 (9F 3)
Arnside Av. Lyth A —4H 23
Arnside Vw. Kno S —1K 5
Arrowsmith Gdns. T Clev —2D 6
Arthurs La. Hamb —5E 8
Arthur St. Fltwd —1G 5
Arthur St. N. Fltwd —1G 5
Arundel Av. Blac —3A 10
Arundel Dri. Poul F —2G 11
Arundel Rd. Lyth A —7G 23
Ascot Rd. Blac —3C 14 (1G 2)
Ascot Rd. T Clev —7G 7
Ash Av. K'ham —5D 20
Ashburton Ct. Blac —2A 14
Ashburton Rd. Blac —2A 14
Ashcombe Ga. T Clev —1J 11
Ash Cres. Frec —5D 26
Ashdale Gro. T Clev —5K 7
Ashdown Clo. Poul F —3G 11
Ash Dri. Frec —5D 26
Ash Dri. Poul F —6J 11
Ash Dri. T Clev —6H 7
Ash Dri. W'ton —5A 26
Ashfield Cvn. Pk. Blac —2A 18
Ashfield Ct. Blac —2D 10
Ashfield Ho. Blac —2D 10
Ashfield Rd. Blac & T Clev —3D 10
Ash Gro. Wesh —2E 20
Ash Gro. W Grn —6K 19
Ashlea Gro. Stalm —1D 8
Ashleigh M. Blac —5D 14
(off Lever St.)
Ashley Clo. Blac —6B 10
Ashley Clo. T Clev —1G 11
Ashley Ct. Poul F —5H 11
Ashley Rd. Lyth A —2E 22
Ashmore Gro. T Clev —6C 6
Ash St. Blac —4B 16
Ash St. Fltwd —2F 5
Ashton Av. Kno S —1J 5
Ashton Ct. Lyth A —4C 22
Ashton Garden Ct. Lyth A —4D 22
Ashton Gardens. —4C 22
Ashton Rd. Blac —6B 14 (5E 2)
Ashton St. Lyth A —7B 24
Ashwell Pl. T Clev —1B 10
Ashwood Clo. Lyth A —7K 23
Ashworth Ct. Blac —2C 14
Ashworth Rd. Blac —2H 17
Askrigg Clo. Blac —3F 17
Astland St. Lyth A —5D 22
Astley Cres. Frec —4F 27
Aston Av. T Clev —5F 7
Athlone Av. Blac —6B 10
Auburn Gro. Blac —7C 14 (7G 3)
Auden Lea. T Clev —4E 6
Audley Clo. Lyth A —6J 23
Aughton St. Fltwd —1G 5
Austen Way. Blac —3B 18
Auster Cres. Frec —7E 20
Austin Gro. Blac —1A 16 (9B 3)
Avalon Dri. Frec —3F 27
Avenham Gro. Blac —3B 14
Avenham Pl. Newt —7J 21
Avenue Rd. Blac —1G 15
Avenue, The. Poul F —4H 11
Avon Av. Fltwd —6C 4
Avondale Cres. Blac —3E 16
Avondale Rd. Lyth A —3B 22
Avon Grn. Fltwd —2D 4
Avon Pl. Blac —1B 14
Avonside Av. T Clev —4F 7
Avon St. Lyth A —5D 22
Avroe Cres. Blac —6C 16
Aylesbury Av. Blac —1C 16 (10G 3)
Ayr Ct. Fltwd —7D 4
Ayrton Av. Blac —3C 16
Aysgarth Ct. Blac —3E 16

Babbacombe Av. Blac —4A 16
Bk. Albert St. Fltwd —2G 5
(off Albert St.)
Bk. Ashburton Rd. Blac —2B 14
Bk. Carshalton Rd. Blac —2A 14
Bk. Church St. Blac —4A 14 (2B 2)
Bk. Clarendon Rd. Blac —7A 14 (7C 3)
Bk. Cookson St. Blac —3B 14 (1D 2)
Bk. Cop La. Fltwd —2F 5
Bk. Derby Rd. T Clev —4B 6
Bk. Eaves St. Blac —2A 14
Bk. Epsom Rd. T Clev —7E 6
Bk. Glen Eldon Rd. Lyth A —4D 22
Bk. Headroomgate Rd. Lyth A —3E 22
Bk. High St. Blac —3A 14
Back La. Stalm —1E 8
Bk. Lord St. Blac —3A 14
Bk. Moon Av. Blac —7A 14 (7C 3)
Bk. North Cres. Lyth A —5D 22
Bk. Pleasant St. Blac —2A 14
Bk. Read's Rd. Blac —5B 14 (3D 2)
Bk. St Anne's Rd. W. Lyth A —5D 22
Bk. Shannon St. Blac —6A 14 (5C 2)
Bk. Springfield Rd. N. Lyth A —5D 22
(off St David's Rd.)
Bk. Warbreck Rd. Blac —3A 14
Bk. Waterloo Rd. Blac —1A 16 (10C 3)
Bk. West Cres. Lyth A —5D 22
Bk. Woodfield Rd. Blac —7A 14 (8C 3)
Badgers Wlk. E. Lyth A —7D 24
Badgers Wlk. W. Lyth A —7D 24
Bagot St. Blac —1A 16 (10C 3)
Bailey Ct. Blac —3D 14
Baines Av. Blac —7E 10
Bairstow St. Blac —6A 14 (5B 2)
Bakers Ct. Blac —3E 16
Balderstone Rd. Frec —3E 26
Baldwin Gro. Blac —7C 14 (7G 3)
Balfour Clo. T Clev —1J 11
Balham Av. Blac —5D 16
Ballam Rd. Lyth A & West —1B 24
Ball St. Blac —1A 16 (9C 3)
Ball St. Poul F —5J 11
Balmer Gro. Blac —6C 14 (5F 2)
Balmoral Pl. T Clev —7H 7
Balmoral Rd. Blac —2A 16
Balmoral Rd. Lyth A —6F 23
Balmoral Ter. Fltwd —1G 5
Baltimore Rd. Lyth A —5G 23
Bamber Av. Blac —4B 10
Bambers La. Blac —3H 17
(in two parts)
Bamber's Wlk. Wesh —2B 20
Bamburgh Clo. Blac —3F 17
Bamton Av. Blac —3B 16
Banbury Av. Blac —1C 14
Banbury Rd. Lyth A —5E 22
Bancroft Av. T Clev —5H 7
Bangor Av. Blac —3C 10
Bankfield Ct. T Clev —7G 7
Bankfield Gro. Blac —6D 14 (5G 2)
Bank Hey St. Blac —4A 14 (2B 2)
Bank La. W'ton —6K 25
Bank La. Cvn. Pk. W'ton —6K 25
Banks St. Blac —3A 14
Bannister St. Lyth A —7C 24
Bannistre Clo. Lyth A —3F 23
Barclay Av. Blac —7E 14
Bardsway. T Clev —4F 7
Bardsway Av. Blac —3D 14
Barlow Cres. Blac —5D 14
Barmouth Av. Blac —7F 15
Barnes Dri. T Clev —2D 6
Barnfield. K'ham —4D 20
Barnfield Clo. T Clev —3E 6
Barnfield Mnr. Sing —5E 12
Baron Rd. Blac —1B 16 (9D 3)
Bartle Rd. Lyth A —3F 23
Barton Av. Blac —7A 14 (7B 3)
Barton Av. Kno S —1K 5
Barton Mansion. Lyth A —4B 22
Barton Rd. Lyth A —3C 22
Barton Sq. Kno S —1K 5
Bassenthwaite Rd. Blac —7H 15
Bath Rd. Lyth A —7C 24
Bath St. Blac —1A 16 (10B 3)
Bath St. Lyth A —7C 24
Bathurst Av. Blac —2F 15
Bayside. Fltwd —3G 5
Bayswater. Blac —4B 10
Bay, The. T Clev —2B 6
Bazley Rd. Lyth A —7J 23
Beach Av. Lyth A —7H 23
Beach Av. T Clev —4C 6
Beachcomber Dri. T Clev —4B 6
Beach Ct. Lyth A —7D 24
Beach Ct. T Clev —4B 6
Beachcroft. T Clev —3B 6
Beach Rd. Fltwd —2C 4
Beach Rd. Lyth A —4C 22
Beach Rd. T Clev —4B 6
Beach St. Lyth A —7B 24
Beacon Rd. Poul I —5B 12
Bean Av. Blac —2D 16
Beardshaw Av. Blac —7C 14 (8G 3)
Beattock Pl. Blac —3E 10
Beatty Clo. Lyth A —2C 22
Beauclerk Rd. Lyth A —5F 23
Beaufort Av. Blac —4A 10
Beaumont Ct. Lyth A —3F 23
Beaumont Gdns. Poul F —3F 11
Beck Ct. Fltwd —5C 4
Beckdean Av. Poul F —6J 11
Beck Gro. T Clev —3D 6
Beckway Av. Blac —2E 14
Bedale Pl. T Clev —6D 6
Bedford Av. T Clev —3C 6
Bedford Rd. Blac —1B 14
Bedford Rd. Lyth A —6E 24
Beech Av. Blac —4D 14 (1G 2)
Beech Av. K'ham —5E 20
Beech Av. Poul F —4J 11
Beech Av. W'ton —4A 26
Beech Dri. Frec —5D 26
Beech Dri. Newt —7J 21
Beech Dri. Poul F —6J 11
Beeches, The. Sing —7E 12
Beechfield Av. Blac —6D 14
Beechfield Av. W Grn —6K 19
Beech Gro. Kno S —1K 5
Beechwood. Wesh —2E 20
Beechwood Dri. T Clev —7G 7
Beechwood Gro. Blac —3D 10
Beehive Ind. Est. Blac —1G 17
Beeston Av. Poul F —3H 11
Beetham Pl. Blac —3D 14
Bela Gro. Blac —7B 14 (7E 3)
Belford Av. T Clev —3E 6
Belfry, The. Lyth A —5E 24
Belgrave Av. Wesh —2D 20
Belgrave Clo. Lyth A —5J 23
Belgrave Pl. Poul F —6G 11
Belgrave Rd. Blac —1D 16
Belgrave Rd. Poul F —6G 11
Belle Vue Pl. Blac —4C 14 (3G 2)
Bellingham Rd. Lyth A —6C 24
Belmont Av. Blac —5B 14 (5D 2)
Belmont Av. Poul F —5G 11
Belmont Rd. Fltwd —3F 5
Belmont Rd. Lyth A —6H 23
Belvedere Rd. T Clev —7H 7
Belverdale Gdns. Blac —5E 16
Belvere Av. Blac —5C 16
Benbow Clo. Lyth A —1C 22
Benenden Pl. T Clev —5F 7
Bennett Av. Blac —5B 14 (3E 2)
Bennett Rd. T Clev —4F 7
Bennett's La. Blac —4E 16
Ben Nevis Pl. Queen I —1F 23
Benson Rd. Blac —7D 10
Bentham Av. Fltwd —5B 4
Bentinck Av. Blac —5A 16
Bentinck Rd. Lyth A —3B 22
Bentley Dri. Blac —3B 18
Bentley Dri. K'ham —4B 20
Beresford St. Blac —2B 14
Bergerac Cres. Blac —2E 10
Berkley Clo. K'ham —3B 20
Berry's La. Poul F —4H 11
Bertrand Av. Blac —2F 15
Berwick Av. T Clev —3E 6
Berwick Rd. Blac —5B 16
Berwick Rd. Lyth A —4E 22
Beryl Av. T Clev —6D 6
Bescot Way. T Clev —1F 10
Best St. K'ham —4C 20
Bethel Av. Blac —4B 10
Bethesda Rd. Blac —5A 14 (4C 2)
Beverley Av. Poul F —1J 15
Beverley Clo. W Grn —6H 19
Beverley Gro. Blac —3B 16
Beverley Rd. N. Lyth A —3F 23
Beverley Rd. S. Lyth A —3F 23
Beverly Clo. T Clev —7G 7
Bexley Av. Blac —1C 14
Bexley Pl. Lyth A —6K 23
Bibby Dri. Stain —5K 15
Bibby's Rd. Blac —5D 10
Bickerstaffe St. Blac —6A 14 (5B 2)
Bideford Av. Blac —3F 15
Billington St. Wesh —3C 20
Billington St. E. Wesh —3C 20
Bingley Av. Blac —3E 14
Birch Av. Newt —6J 21
Birch Av. T Clev —5D 6
Birch Gro. Stalm —1E 8
Birch St. Fltwd —2F 5
Birch St. Lyth A —7D 24
Birchtree Gdns. Blac —7G 15
Birch Way. Poul F —4H 11
Birchway Av. Blac —3D 14
Birchwood Clo. Lyth A —7K 23
Birchwood Dri. Hamb —5D 8
Birkbeck Pl. Fltwd —4C 4
Birkdale Av. Blac —3D 10
Birkdale Av. Fltwd —7D 4
Birkdale Av. Lyth A —2E 22
Birkdale Clo. T Clev —7J 7
Birkside Way. Blac —1H 17
Birley St. Blac —4A 14 (1B 2)
Birley St. K'ham —4E 20
Birnam Grn. Fltwd —2D 4
Bishopsgate. Blac —7F 11
Bishops Ga. Lyth A —5J 23
Bispham Rd. Blac —4C 10
Bispham Rd. T Clev —5B 6
Bispham Rd. T Clev & Poul F —1E 10
Bittern Clo. Blac —3G 15
Blackfen Pl. Blac —1C 14
Blackfield Rd. Frec —4E 26
Blackpool Airport. —7C 16
Blackpool Airport. Blac —7C 16
Blackpool Bus. Pk. Blac —6C 16
Blackpool Cricket Club. —5D 14
Blackpool F.C. —7B 14 (7D 3)
(Bloomfield Pk.)
Blackpool Fylde Ind. Est. Blac —3H 17
Blackpool Model Village. —5E 14
Blackpool Old Rd. Blac & Poul F —7F 11
Blackpool Pk. Golf Course. —4E 14
Blackpool Rd. Blac —4C 10
Blackpool Rd. K'ham —5G 21
Blackpool Rd. Lyth A —5J 23
Blackpool Rd. Poul F —5F 11
Blackpool Rd. W Grn —3H 19
Blackpool Rd. N. Lyth A —1D 22
Blackpool Technology Pk. Blac —3E 10
Blackpool Tower. —4A 14 (2B 2)
(Aquarium, Circus & Ballroom)
Blackpool Zoo. —5G 15
Blacksmiths Row. Lyth A —4J 23
Blackthorn Clo. Newt —7J 21
Blackthorn Clo. T Clev —2E 6
Blairway Av. Blac —3E 14
Blakiston St. Fltwd —2F 5
Blandford Av. T Clev —6B 6
Blaydon Av. T Clev —3D 6
Bleasdale Av. K'ham —3D 20
Bleasdale Av. Poul F —6H 11
Bleasdale Av. Stain —4K 15
Bleasdale Av. T Clev —6C 6
Bleasdale Rd. Kno S —1J 5
Bleasdale Rd. Lyth A —6D 24
Blenheim Av. Blac —5C 14 (4F 2)
Blenheim Av. K'ham —4C 20
Blenheim Dri. T Clev —5H 7
Blenheim Dri. W'ton —4A 26
Blenheim Pl. Lyth A —2D 22
Blesma Ct. Blac —4B 16
(off Lytham Rd.)
Bloomfield Rd. Blac —7A 14 (8C 3)
Blossom Av. Blac —3E 16
Bluebell Clo. T Clev —2E 6
Bluecoat Cres. Newt —7K 21
Blue Moor. Whar —1H 21
Blundell Rd. Lyth A —2E 22
Blundell St. Blac —6A 14 (6B 3)
Blythe Av. T Clev —2D 6
Boardman Av. Blac —7C 14 (8G 3)
Bodkin La. Out R —1G 13
Bold St. Fltwd —1G 5
Boleyn Ct. Blac —7F 15
Bolton Av. Poul F —3H 11
Bolton St. Blac —1A 16 (9B 3)
Bond St. Blac —1A 16 (10B 3)
Bonny St. Blac —5A 14 (3B 2)
Bonny St. T Clev —4G 7
Boome St. Blac —4B 16
Boothley Rd. Blac —3B 14
Boothroyden. Blac —1A 14
Borage Clo. T Clev —2F 7
Borrowdale Av. Fltwd —2D 4
Borrowdale Rd. Blac —1G 17
Boscombe Rd. Blac —4A 16
Boston Av. Blac —2C 10
Boston Rd. Lyth A —5G 23
Boston Way. Blac —2E 16
Bosworth Pl. Blac —6A 16
Boulevard, The. Lyth A —6E 22
Boundary Ct. Blac —7F 11
Boundary La. Poul F & Pil —1J 9
Boundary Rd. Lyth A —5F 25
Bourne Cres. Blac —4A 16
Bourne May Rd. Kno S —1J 5
Bournemouth Rd. Blac —4A 16
Bourne Rd. T Clev —2F 7
Bourne Way. T Clev —3E 6
Bovington Av. T Clev —7E 6

A-Z Blackpool 29

Bowes Lyon Pl.—Chester Rd.

Bowes Lyon Pl. *Lyth A* —4H **23**
Bowfell Clo. *Blac* —1J **17**
Bowgreave Clo. *Blac* —4E **16**
Bowland Av. *Fltwd* —6C **4**
Bowland Cres. *Blac* —1F **15**
Bowland Pl. *Lyth A* —5H **23**
Bowness Av. *Blac* —2H **17**
Bowness Av. *Fltwd* —5B **4**
Bowness Av. *Lyth A* —1E **22**
Bowness Av. *T Clev* —5G **7**
Bowood Ct. *Blac* —2G **15**
Bracewell Av. *Poul I* —5B **12**
Bracken Dri. *Frec* —3G **27**
Brades Av. *T Clev* —5J **7**
Brades La. *Frec* —3G **27**
Braemar Av. *T Clev* —1H **11**
Braemar Wlk. *Blac* —2E **10**
Braidwood Ct. *Lyth A* —4C **22**
Braith Clo. *Blac* —2E **16**
Braithwaite St. *Blac* —2A **14**
Bramble Clo. *Wesh* —2B **20**
Brambles, The. *Lyth A* —6A **16**
Bramblings, The. *Poul F* —6G **11**
Bramley Av. *Fltwd* —2D **4**
Bramley Gdns. *Poul F* —6F **11**
Brampton Av. *T Clev* —3E **6**
Bramwell Rd. *Frec* —4E **26**
Branksome Av. *T Clev* —4E **6**
Branston Rd. *Blac* —1D **16**
Branstree Rd. *Blac* —1H **17**
Brant Ct. *Fltwd* —5B **4**
Brathay Pl. *Fltwd* —4C **4**
Braxfield Ct. *Lyth A* —5C **22**
Brays Heys. *T Clev* —6H **7**
Brays Rd. *Mos S* —7B **18**
Breck Clo. *Poul F* —3K **11**
Breck Dri. *Poul F* —3K **11**
Breck Rd. *Blac* —5C **14** (3G **2**)
Breck Rd. *Poul F* —4J **11**
Breckside Clo. *Poul F* —3K **11**
Brecon Clo. *Blac* —6C **14** (5G **2**)
Bredon Clo. *Lyth A* —5E **24**
Breeze Clo. *T Clev* —3F **7**
Brendon Wlk. *Blac* —1E **14**
Brentwood. *Fltwd* —4D **4**
Brentwood Av. *Poul F* —5H **11**
Brentwood Av. *T Clev* —6C **6**
Briarfield. *Blac* —2E **10**
Briarfield Rd. *Poul F* —2G **11**
Briar M. *T Clev* —6H **7**
Briar Rd. *T Clev* —6G **7**
Briarwood. *Frec* —4D **26**
Briarwood Clo. *T Clev* —1G **11**
Briarwood Dri. *Blac* —4D **10**
Brick Ho. La. *Hamb* —3D **8**
Bridge Ct. *Lyth A* —6E **24**
Bridge Ho. Rd. *Blac* —2E **16**
Bridge Rd. *Fltwd* —2G **5**
Bridge Rd. *Lyth A* —7K **23**
Bridgeside. *Lyth A* —6A **16**
Bridgewater Av. *T Clev* —1E **10**
Bridle Way. *Lyth A* —4K **23**
Briercliffe Av. *Blac* —7E **14**
Brierley Av. *Blac* —3D **14**
Brighton Av. *Blac* —2A **16**
Brighton Av. *Lyth A* —4E **22**
Brighton Av. *T Clev* —5C **6**
Bright St. *Blac* —2A **16** (10B **3**)
Brinwell Rd. *Blac* —1G **17**
Brisbane Pl. *T Clev* —1E **10**
Bristol Av. *Blac* —4C **10**
Bristol Av. *Fltwd* —6B **4**
Bristol Av. Ind. Est. *Blac* —4D **10**
Britannia Pl. *Blac* —1A **16** (10B **3**)
Britannia Wlk. *Lyth A* —3H **23**
Brixham Pl. *Blac* —4A **16**
Broadfield Av. *Blac* —5E **16**
Broadfield Av. *Poul F* —5A **12**
Broadhurst Rd. *T Clev* —7D **6**
Broadlands Pl. *Lyth A* —6A **24**
Broad La. *Pil* —1K **9**
Broad Oak La. *Stain* —4J **15**
Broadpool La. *Hamb* —6D **8**
Broadwater Av. *Fltwd* —6D **4**
Broadwater Gdns. *Fltwd* —6D **4**
Broadwater Ho. *Fltwd* —5E **4**
Broadway. *Blac* —3B **16**
Broadway. *T Clev & Fltwd* —2C **6**
Broadwood Way. *Lyth A* —7K **23**
Brock Av. *Fltwd* —4C **4**
Brockholes Cres. *Poul F* —6K **11**
Brocklewood Av. *Poul F* —1J **15**
Brock Way. *Poul F* —6J **11**
Brockway Av. *Blac* —3E **14**
Broderick Av. *Blac* —7D **10**
Brodie Clo. *Blac* —4E **16**
Bromley Clo. *Blac* —7D **10**
Bromley Ct. Blac —7D ***10***
(off Chelsea Av.)
Bromley Rd. *Lyth A* —6D **22**
Brompton Clo. *Lyth A* —5J **23**
Brompton Rd. *Poul F* —7J **11**
Bromsgrove Av. *Blac* —4B **10**
Brookdale Av. *T Clev* —7D **6**
Brookfield Av. *Blac* —4F **17**
Brookfield Av. *T Clev* —6H **7**
Brookfield Rd. *T Clev* —5H **7**
Brookfield Ter. *Lyth A* —6C **24**
Brook Gro. *T Clev* —3D **6**
Brooklands Av. *K'ham* —4D **20**
Brooklands Rd. *Lyth A* —5H **23**
Brooklands, The. *W Grn* —5H **19**
Brooklands Way. *Blac* —3K **17**
Brooklyn Av. *Blac* —1D **14**
Brook Mill Ind. Est. *W Grn* —5H **19**
Brook Rd. *Lyth A* —6D **24**
Brookside. *K'ham* —3C **20**
Brookside. *Red M* —4H **7**
Brookside Cen. *T Clev* —4H **7**
Brook St. *Blac* —1D **16**
Brook St. *Fltwd* —6D **4**
Brook St. *K'ham* —3C **20**
Brook Way. *W Grn* —5H **19**
Broomfield Rd. *Fltwd* —3E **4**
Brough Av. *Blac* —6D **10**
Broughton Av. *Blac* —2D **14**
Broughton Way. *Poul F* —2H **11**
Browning Av. *Lyth A* —6E **24**
Browning Av. *T Clev* —4F **7**
Brown's La. *K'ham* —5A **20**
Brown's La. *Stalm* —7K **5**
Brown St. *Fltwd* —3F **5**
Brown St. *T Clev* —4G **7**
Browsholme Clo. *Blac* —1G **15**
Brunel Way. *Blac F* —3H **17**
Brun Gro. *Blac* —1C **16** (9G **3**)
Brunswick St. *Blac* —5A **14** (4B **2**)
Bryan Rd. *Blac* —4C **14** (2G **2**)
Bryning Av. *Blac* —4B **10**
Bryning Av. *W Grn* —6J **19**
Bryning Fern La. *K'ham* —5C **20**
Bryning Hall La. *Lyth A & Bryn* —1G **25**
Bryning La. *Newt* —6J **21**
Bryning La. *W Grn & W'ton* —6J **19**
Bryony Clo. *T Clev* —2E **6**
Buchanan St. *Blac* —3B **14** (1E **2**)
Buckden Clo. *T Clev* —6B **6**
Buckingham Rd. *Lyth A* —7J **23**
Buckingham Way. *Poul F* —3H **11**
Buckley Cres. *T Clev* —1C **10**
Bucknell Pl. *T Clev* —1D **10**
Bull Pk. La. *Hamb* —7D **8**
Bunker St. *Frec* —4F **27**
Bunting Pl. *T Clev* —6E **6**
Burbank Clo. *Blac* —5E **16**
Burford Clo. *Blac* —2F **15**
Burgate. *Blac* —5C **16**
Burgess Av. *Blac* —3D **16**
Burgundy Cres. *T Clev* —1E **10**
Burlington Cen., The. Lyth A —5D ***22***
(off St Anne's Rd W.)
Burlington Ho. *Poul F* —5J **11**
Burlington Rd. *Blac* —4A **16**
Burlington Rd. W. *Blac* —4A **16**
Burnage Gdns. *Blac* —3C **16**
Burn Gro. *T Clev* —3D **6**
Burn Hall Ind. Est. *Fltwd* —1F **7**
Burnham Ct. Blac —4D ***14***
(off Hollywood Av.)
Burnsall Av. *Blac* —7F **11**
Burns Av. *Lyth A* —6E **24**
Burns Av. *T Clev* —4F **7**
Burnside Av. *Blac* —2D **16**
Burnside Av. *Fltwd* —4B **4**
Burns Pl. *Blac* —2E **16**
Burns Rd. *Fltwd* —1F **5**
Burrow's La. *Hamb* —7K **5**
Burton Ct. *Fltwd* —6B **4**
Burton Rd. *Blac* —2E **16**
Burwood Dri. *Blac* —3F **15**
Bush La. *Frec* —4E **26**
(in two parts)
Bute Av. *Blac* —2A **14**
Butler Rd. *Blac* —6A **14** (6B **3**)
Butlers Mdw. *W'ton* —4B **26**
Butler St. *Blac* —3B **14**
Buttermere Av. *Fltwd* —5B **4**
Butterworth Clo. *Wesh* —3D **20**
Butts Clo. *T Clev* —3H **7**
Butts Rd. *T Clev* —3G **7**
Buxton Av. *Blac* —4C **10**
Byfield Av. *T Clev* —1D **10**
Byland Clo. *Blac* —5B **16**
Byron Av. *Lyth A* —6E **24**
Byron Av. *T Clev* —4F **7**
Byron Av. *W'ton* —4B **26**
Byron St. *Blac* —1A **16** (10C **3**)
Byron St. *Fltwd* —1F **5**

Cadby Av. *Blac* —7E **14**
Caernarfon Clo. *T Clev* —5J **7**
Cairn Ct. *Blac* —6B **16**
Cairn Gro. *Blac* —6B **16**
Calder Av. *Fltwd* —4C **4**
Calder Av. *Frec* —5D **26**
Calder Av. *T Clev* —5E **6**
Calder Clo. *K'ham* —4E **20**
Calder Clo. *Lyth A* —1E **22**
Calder Rd. *Blac* —7B **10**
Caldervale Av. *Poul F* —5H **11**
Caldicot Way. *Poul F* —2H **11**
Caledonian Av. *Blac* —2C **14**
Calendine Clo. *T Clev* —2E **6**
Calf Cft. Pl. *Lyth A* —6B **24**
Calvert Pl. *Blac* —1F **15**
Camborne Ct. *Blac* —7G **15**
Camborne Pl. *Frec* —4D **26**
Cambray Rd. *Blac* —1A **14**
Cambridge Rd. *Blac* —4C **14** (1F **2**)
Cambridge Rd. *Fltwd* —3D **4**
Cambridge Rd. *Lyth A* —7J **23**
Cambridge Rd. *T Clev* —4B **6**
Camden Rd. *Blac* —3D **14**
Cameron Av. *Blac* —2D **14**
Campbell Av. *Blac* —2D **14**
Campion Clo. *T Clev* —2E **6**
Canada Cres. *Blac* —5D **10**
Canberra Clo. *T Clev* —1E **10**
Canberra Way. *W'ton* —3B **26**
Cannock Av. *Blac* —1D **14**
Canterbury Av. *Blac* —6E **14**
Canterbury Clo. *Poul F* —3H **11**
Capstan Clo. *Lyth A* —2D **22**
Carcroft Av. *Blac* —4C **10**
Cardigan Pl. *Blac* —5A **16**
Cardinal Gdns. *Lyth A* —5J **23**
Cardinal Pl. *T Clev* —4D **6**
Cardwell Clo. *W'ton* —5A **26**
Carisbrooke Av. *Blac* —3F **17**
Carisbrooke Clo. *Poul F* —2H **11**
Carleton Av. *Blac* —7E **10**
Carleton Gdns. *Poul F* —3G **11**
Carleton Ga. *Poul F* —4H **11**
Carleton Way. *Poul F* —3H **11**
Carlin Ga. *Blac* —6A **10**
Carlisle Av. *Fltwd* —5C **4**
Carlisle Gro. *T Clev* —5G **7**
Carlton Gro. *Blac* —4A **10**
Carlton Rd. *Lyth A* —4E **22**
Carlton Way. *Blac* —3A **18**
Carlyle Av. *Blac* —4A **16**
Carnforth Av. *Blac* —3D **10**
Caroline St. *Blac* —6A **14** (5C **2**)
Carr Bri. Pk. *Blac* —2A **18**
Carr Clo. *Hamb* —3D **8**
Carr Clo. *Poul F* —6K **11**
Carr Dene Ct. *K'ham* —4F **21**
Carr Dri. *Wesh* —3B **20**
Carr End La. *Stalm* —1D **8**
Carr Ga. *T Clev* —3B **6**
Carr Head La. *Poul F* —7K **11**
Carr Hey. *T Clev* —5F **7**
Carrick M. Blac —7G ***15***
(off Knutsford Rd.)
Carr La. *Hamb* —5D **8**
Carr La. *K'ham* —4F **21**
Carr La. *Stalm* —7C **12**
Carr La. *W'ton* —4J **25**
Carr Rd. *Fltwd* —1E **4**
Carr Rd. *Hamb* —5D **8**
Carr Rd. *K'ham* —5E **20**
Carr Rd. *T Clev* —2C **10**
Carrwood Dri. *K'ham* —4E **20**
Carshalton Rd. *Blac* —1A **14**
Carsluith Av. *Blac* —6D **14**
Carson Rd. *Blac* —1F **17**
Carter St. *Blac* —4A **14** (2C **2**)
Carterville Clo. *Blac* —3F **17**
Cartmel Av. *Fltwd* —5C **4**
Cartmell La. *Lyth A* —3E **24**
Cartmell Rd. *Blac* —1J **17**
Cartmell Rd. *Lyth A* —7E **22**
Caryl Rd. *Lyth A* —3B **22**
Castle Av. *Poul F* —2G **11**
Castle Gdns. Cres. *Poul F* —3G **11**
Castle Ga. *Blac* —1A **16** (9C **3**)
Castle La. *Stain* —4J **15**
Castlerigg Pl. *Blac* —1H **17**
Catforth Av. *Blac* —1G **17**
Catherine Clo. *Wesh* —2C **20**
Catherine St. *Wesh* —3C **20**
Cathrow Way. *T Clev* —5J **7**
Caton Av. *Fltwd* —5C **4**
Caton Gro. *Blac* —2E **14**
Catterall Clo. *Blac* —2C **14**
Caunce St. *Blac* —4B **14** (1D **2**)
Cavendish Mans. *T Clev* —3B **6**
Cavendish Rd. *Blac* —5A **10**
Cavendish Rd. *Lyth A* —3B **22**
Caxton Av. *Blac* —3B **10**
Cecil St. *Blac* —2B **14**
Cecil St. *Lyth A* —7B **24**
Cedar Av. *Fltwd* —6D **4**
Cedar Av. *Poul F* —1J **15**
Cedar Av. *T Clev* —5D **6**
Cedar Av. *W'ton* —4A **26**
Cedar Clo. *Newt* —7K **21**
Cedar Cres. *K'ham* —5D **20**
Cedar Sq. *Blac* —4A **14** (1C **2**)
Cedarwood Clo. *Lyth A* —7K **23**
Cedric Pl. *Blac* —4B **10**
Central Av. *Wesh* —3B **20**
Central Av. N. *T Clev* —4E **6**
Central Beach. *Lyth A* —7C **24**
Central Dri. *Blac* —5A **14** (3B **2**)
Central Dri. *Lyth A* —6H **23**
Chadfield Rd. *Blac* —7C **14** (7F **3**)
Chadwick St. *Blac* —6B **14** (5D **2**)
Chaffinch Clo. *T Clev* —2E **6**
Chaffinch Ct. *Blac* —3G **15**
Chain La. *Stain* —4J **15**
Champagne Av. *T Clev* —1E **10**
Chandlers Rest. *Lyth A* —7E **24**
Channing Rd. *Lyth A* —7H **23**
Chapel Clo. *Wesh* —2C **20**
Chapel La. *Out R* —5H **9**
Chapel Rd. *Blac* —3F **17**
Chapel Rd. Res. Site. *Blac* —2G **17**
Chapel St. *Blac* —5A **14** (4B **2**)
Chapel St. *Lyth A* —7B **24**
Chapel St. *Poul F* —5J **11**
Chapel St. Ct. *Poul F* —5J **11**
Chapel Walks. *K'ham* —5E **20**
Chapman Ct. *Fltwd* —3E **4**
Chardonnay Cres. *T Clev* —1E **10**
Charles Ct. *Blac* —2C **14**
Charles St. *Blac* —4B **14** (1D **2**)
Charnley Rd. *Blac* —5A **14** (3C **2**)
Charnock St. *Wesh* —3C **20**
Charnwood Av. *Blac* —3F **15**
Charterhouse Ct. *Fltwd* —2C **4**
Chase, The. *Blac* —2H **15**
Chase, The. *T Clev* —3F **7**
Chatburn Clo. *Blac* —1G **15**
Chatham Av. *Lyth A* —2D **22**
Chatsworth Av. *Blac* —2B **10**
Chatsworth Av. *Fltwd* —4B **4**
Chatsworth Av. *W'ton* —4A **26**
Chatsworth Clo. *T Clev* —6J **7**
Chatsworth Rd. *Lyth A* —4C **22**
Chatteris Pl. *T Clev* —6B **6**
Chaucer Av. *T Clev* —4E **6**
Chaucer Rd. *Fltwd* —2F **5**
Cheapside. *Blac* —4A **14** (1B **2**)
Cheddar Av. *Blac* —4C **16**
Chelford Av. *Blac* —1D **14**
Chelsea Av. *Blac* —7D **10**
Chelsea Ct. Blac —7D ***10***
(off Chelsea Av.)
Chelsea M. Blac —7D ***10***
(off Bispham Rd.)
Cheltenham Cres. *Lyth A* —5E **24**
Cheltenham Cres. *T Clev* —7J **7**
Cheltenham Rd. *Blac* —2A **14**
Chepstow Ct. *Blac* —1E **14**
Chepstow Rd. *Blac* —1E **14**
Cherry Clo. *K'ham* —4B **20**
Cherrydale. *Blac* —3C **10**
Cherry La. *Frec* —6D **26**
Cherry Tree Ct. Blac —1G ***17***
(off Radworth Cres.)
Cherry Tree Ct. *Fltwd* —1G **5**
Cherry Tree Gdns. *Blac* —2F **17**
Cherry Tree Rd. *Blac* —2F **17**
Cherry Tree Rd. N. *Blac* —1F **17**
Cherrywood Av. *Lyth A* —7K **23**
Cherrywood Av. *T Clev* —6B **6**
Cheryl Dri. *T Clev* —7G **7**
Chester Av. *Poul F* —5H **11**
Chester Av. *T Clev* —5C **6**
Chesterfield Rd. *Blac* —2A **14**
Chester Rd. *Blac* —2C **14**

Dorritt Rd.—Garden Ter.

Dorritt Rd. *Blac* —4D **16**
Dorset Av. *T Clev* —3C **6**
Dorset Rd. *Lyth A* —3E **22**
Dorset St. *Blac* —1C **16** (10F **3**)
Douglas Av. *Blac* —2C **14**
Douglas Dri. *Frec* —4D **26**
Douglas Leatham Ho. *Blac* —1C **16** (9F **3**)
Douglas Pl. *Fltwd* —3C **4**
Douglas St. *Lyth A* —5C **22**
Dove Clo. *T Clev* —6E **6**
Dovedale Av. *Blac* —7H **15**
Dovedale Av. *T Clev* —4G **7**
Dover Clo. *W'ton* —3B **26**
Dover Ct. *Blac* —7C **14** (8G **3**)
Dover Gdns. *Poul F* —3G **11**
Dover Rd. *Blac* —1C **16** (9G **3**)
Dover Rd. *Lyth A* —3E **22**
Dovestone Dri. *Poul F* —5G **11**
Dove St. *Lyth A* —5C **22**
Dovetree Ct. *Blac* —1G **17**
Dowbridge. *K'ham* —5F **21**
Dowbridge Way. *K'ham* —5F **21**
Downham Pl. *Blac* —6A **16**
Downham Pl. *Lyth A* —5H **23**
Downs, The. *Poul F* —4J **11**
Drake Clo. *Lyth A* —2D **22**
Drakelowe Av. *Blac* —4E **16**
Draycot Av. *Blac* —1E **14**
Dronsfield Rd. *Fltwd* —1E **4**
Drovers Way. *Lyth A* —4J **23**
Dr Robertson Ct. *Fltwd* —5D **4**
Drummond Av. *Blac* —2D **14**
Drybread La. *Out R* —5J **9**
Dryburgh Av. *Blac* —6E **14**
Dryden Rd. *Fltwd* —2F **5**
Dubside. *W Grn* —6J **19**
Duchess Ct. *Blac* —5A **10**
Duchess Dri. *Blac* —5A **10**
Duddon Av. *Fltwd* —5C **4**
Dudley Av. *Blac* —7C **10**
Dugdale Clo. *Blac* —5E **16**
Dugdale Ct. Blac —5E ***16***
(off Dugdale Clo.)
Dugdale Ct. T Clev —7C ***6***
(off Maida Va.)
Dugdales Clo. *Blac* —3K **17**
Duke St. *Blac* —1A **16** (9C **3**)
Dumbarton Clo. *Blac* —4F **17**
Dumfries Clo. *Blac* —3E **10**
Dunbar Clo. *Blac* —4F **17**
Duncan Av. *Blac* —2B **10**
Duncan Clo. *Lyth A* —2C **22**
Duncan Pl. *Fltwd* —2D **4**
Dunelt Rd. *Blac* —7B **14** (8E **3**)
Dunes Av. *Blac* —5A **16**
Dunlin Clo. *T Clev* —2F **7**
Dunlin Dri. *Lyth A* —4K **23**
Dunmail Av. *Blac* —7E **14**
Dunsop Clo. *Blac* —1C **16** (9G **3**)
Dunsop Ct. *Blac* —1C **16** (9G **3**)
Dunvegan Clo. *Blac* —4F **17**
Durham Av. *Lyth A* —4D **22**
Durham Av. *T Clev* —4D **6**
Durham Rd. *Blac* —4C **14** (1F **2**)
Durley Rd. *Blac* —7C **14** (8F **3**)
Dutton Rd. *Blac* —3C **14** (1G **2**)
Dyer St. *K'ham* —4C **20**

Eagles, The. *Poul F* —3K **11**
Eamont Pl. *Fltwd* —4C **4**
Earlsway. *Blac* —4J **15**
Easington Cres. *Blac* —1G **15**
Eastbank Av. *Blac* —3F **17**
E. Bank Rd. *Lyth A* —6D **22**
East Beach. *Lyth A* —7D **24**
E. Boothroyden. *Blac* —1A **14**
Eastbourne Rd. *Blac* —4A **16**
E. Cecil St. *Lyth A* —7B **24**
East Cliffe. *Lyth A* —7D **24**
East Ct. *T Clev* —2C **6**
Eastham Hall Cvn. Site. *Lyth A* —4E **24**
East Holme. *Lyth A* —6D **24**
East Mead. *Blac* —6D **14**
East Pk. Dri. *Blac* —6E **14**
Eastpines Dri. *T Clev* —7D **6**
Eastside. *Blac* —2E **16**
E. Topping St. *Blac* —1C **2**
East Vw. *Frec* —4F **27**
Eastway. *Frec* —4D **26**
Eastwood Av. *Blac* —1D **14**
Eastwood Av. *Fltwd* —3E **4**
Eaton Av. *Blac* —1B **16** (9E **3**)
Eaton Ct. *Lyth A* —5E **22**
Eaton Pl. *K'ham* —4C **20**
Eaton Way. *Poul F* —1K **15**
Eaves Rd. *Lyth A* —2F **23**
Eaves St. *Blac* —2A **14**
Ecclesgate Rd. *Blac* —5E **16**
(in two parts)
Eccleston Rd. *Blac* —1C **16** (9G **3**)
Eddington Rd. *Lyth A* —7G **23**
Eddleston Clo. *Stain* —4J **15**
Edelston Rd. *Blac* —3B **14**
Eden Av. *Fltwd* —4C **4**
Eden Av. *Lyth A* —7A **24**
Edenfield Av. *Poul F* —6A **12**
Eden St. *Blac* —3B **14** (1D **2**)
Edenvale Av. *Blac* —4A **10**
Edgefield Ct. *Blac* —1G **15**
Edgeway Pl. *T Clev* —6H **7**
Edgeway Rd. *Blac* —4D **16**
Edmondsen Pl. *Fltwd* —4E **4**
Edmonton Pl. *Blac* —5E **10**
Edward St. *Blac* —4A **14** (1C **2**)
Edward St. *Lyth A* —4E **22**
Edward St. *T Clev* —3G **7**
Edwell Av. *Blac* —2C **16**
Edwinstowe Rd. *Lyth A* —5H **23**
Egerton Rd. *Blac* —2A **14**
Egremont Av. *T Clev* —2C **6**
Eider Clo. *T Clev* —2E **6**
Elaine Av. *Blac* —1E **16**
Eland Way. *Frec* —7E **20**
Elderberry Clo. *T Clev* —2E **6**
Elder Clo. *W'ton* —4B **26**
Elderwood Av. *T Clev* —1G **11**
Eldon Ct. *Lyth A* —4D **22**
Eldon Dri. *Poul F* —7J **11**
Elgin Pl. *Blac* —1F **15**
Elim Ct. *Lyth A* —7D **24**
Elizabeth Clo. *Stain* —4J **15**
Elizabeth Ct. *Blac* —3C **14**
Elizabeth Ct. *Poul F* —5J **11**
Elizabeth St. *Blac* —3B **14** (1E **2**)
Elizabeth St. *Fltwd* —1G **5**
Elkfield Dri. *Blac* —7F **11**
Elland Pl. *Blac* —7A **14** (8C **3**)
Ellerbeck Rd. *T Clev* —5B **6**
Ellesmere Av. *T Clev* —6J **7**
Ellesmere Rd. *Blac* —1C **16** (10G **3**)
Elletson St. *Poul F* —4J **11**
Ellisland. *Blac* —1H **17**
Elm Av. *Blac* —4D **14** (1G **2**)
Elm Av. *Poul F* —5J **11**
Elm Av. *W'ton* —4A **26**
Elmbank Av. *T Clev* —1B **10**
Elm Ct. *Poul F* —5J **11**
Elm Gro. *Wesh* —2E **20**
Elmhurst Rd. *Lyth A* —3G **23**
Elmridge Cres. *Blac* —6E **10**
Elms Av. *Lyth A* —7A **24**
Elms Av. *T Clev* —5D **6**
Elms Dri. *W Grn* —5J **19**
Elmside Clo. *T Clev* —5J **7**
Elm St. *Fltwd* —2F **5**
Elmswood Clo. *Lyth A* —6A **24**
Elmwood Dri. *T Clev* —6G **7**
Elsby Av. *T Clev* —7H **7**
Elsinore Clo. *Fltwd* —1E **4**
Elston Av. *Blac* —1F **15**
Elstree Ct. Blac —7D ***10***
(off Chelsea Av.)
Elswick Pl. *Blac* —5D **16**
Elswick Pl. *Lyth A* —3G **23**
Elterwater. *Kno S* —1K **5**
Elterwater Pl. *Blac* —7H **15**
Eltham Ct. *Blac* —7F **11**
Elvaston Rd. *Poul F* —2H **11**
Emerald Clo. *T Clev* —1E **10**
Emerson Av. *Blac* —3C **16**
Empire Gro. *Blac* —2C **14**
Empress Dri. *Blac* —7A **10**
Enderley Ct. *T Clev* —6H **7**
Endsleigh Gdns. *Blac* —4C **16**
Enfield Rd. *Blac* —2B **14**
England Av. *Blac* —4B **10**
Ennerdale Av. *Fltwd* —5B **4**
Ennerdale Rd. *Blac* —1H **17**
Enterprise Way. *Fltwd* —1F **7**
Epping Clo. *Blac* —3D **10**
Epsom Rd. *T Clev* —7E **6**
Erdington Rd. *Blac* —6B **14** (5C **2**)
Erith Gro. *Blac* —3B **10**
Esk Av. *Fltwd* —4C **4**
Eskdale Av. *Fltwd* —5C **4**
Eskdale Clo. *Blac* —1E **16**
Eskdale Dri. *Wesh* —2D **20**
Eskham Clo. *Wesh* —3B **20**
Esplanade. *Kno S* —1J **5**
Esplanade, The. *Fltwd* —1E **4**
Essex Pl. *Blac* —6E **10**
Ettrick Av. *Fltwd* —3C **4**
Euston Cres. *Fltwd* —1G **5**
Everest Clo. *Lyth A* —2F **23**
Everest Ct. *Wesh* —3C **20**
Everest Dri. *Blac* —2B **10**
Everest Rd. *Queen I* —1F **23**
Eversleigh Av. *T Clev* —4E **6**
Everton Rd. *Blac* —4B **16**
Evesham Clo. *T Clev* —1D **10**
Evesham Rd. *Blac* —1G **15**
Evesham Rd. *Lyth A* —6F **23**
Exchange St. *Blac* —2A **14**
Exeter Dri. *T Clev* —5F **7**
Exeter St. *Blac* —1B **16** (10E **3**)

Fairclough Rd. *T Clev* —4F **7**
Fairfax Av. *Blac* —2D **10**
Fairfield Av. *Blac* —2G **15**
Fairfield Av. *Poul F* —5J **11**
Fairfield Ct. *Fltwd* —4E **4**
Fairfield Rd. *Blac* —1B **14**
Fairfield Rd. *Poul F* —2K **15**
Fairhaven Av. *Fltwd* —7C **4**
Fairhaven Clo. *T Clev* —7J **7**
Fairhaven Ct. *Lyth A* —7J **23**
Fairhaven Golf Course. —4A 24
Fairhaven La. *Lyth A* —6D **22**
Fairhaven Rd. *Lyth A* —6D **22**
Fairholmes Clo. *T Clev* —4G **7**
Fairholmes Way. *T Clev* —4F **7**
Fairhurst Ct. T Clev —4C ***6***
(off Beach Rd.)
Fairhurst St. *Blac* —3B **14**
Fairlawn Rd. *Lyth A* —7A **24**
Fairmont Dri. *Hamb* —5E **8**
Fairsnape Rd. *Lyth A* —6E **24**
Fairview Av. *Lyth A* —4F **23**
Fairway. *Fltwd* —4B **4**
Fairway. *Poul F* —6F **11**
Fairway Gdns. *Kno S* —1J **5**
Fairway Rd. *Blac* —2D **16**
Fairways. *St A* —5F **23**
Falcon Dri. *Poul F* —6G **11**
Falkirk Av. *Blac* —2B **10**
Falkland Av. *Blac* —7E **14**
Fallowfield Clo. *Wesh* —3B **20**
Fallowfield Rd. *Lyth A* —5H **23**
Falmouth Av. *Fltwd* —6B **4**
Falmouth Rd. *Blac* —7B **14** (8E **3**)
Faraday Way. *Blac* —3E **10**
Faringdon Av. *Blac* —5C **16**
Farm Clo. *T Clev* —5G **7**
Farnell Pl. *Blac* —4C **16**
Farnham Way. *Poul F* —3H **11**
Farnworth Rd. *T Clev* —6J **7**
Fayles Gro. *Blac* —1F **17**
Felgate Brow. *Blac* —4D **14**
Fenber Av. *Blac* —3B **16**
Fenton Rd. *Blac* —3B **14**
Ferguson Rd. *Blac* —7D **14** (7G **3**)
Fern Ct. *Fltwd* —5B **4**
Ferndale Av. *Blac* —3C **16**
Ferndale Clo. *Frec* —3G **27**
Ferndale Clo. *T Clev* —5H **7**
Fern Gro. *Blac* —6B **14** (5E **2**)
Fernhurst Av. *Blac* —1C **16** (10G **3**)
Fernleigh Clo. *Blac* —4C **10**
Fernwood Av. *T Clev* —7G **7**
Fernwood Clo. *Lyth A* —7K **23**
Ferrier Bank. *W'ton* —5A **26**
Fieldfare Clo. *T Clev* —2F **7**
Fieldhouse Av. *T Clev* —5J **7**
Fielding Rd. *Blac* —1C **14**
Field St. *Blac* —7B **14** (7D **3**)
Field Way. *Lyth A* —1D **22**
Fifth Av. *Blac* —3B **16**
Filey Pl. *Blac* —3A **14**
Filey Rd. *Lyth A* —2F **23**
Finches, The. *Poul F* —6G **11**
Finchley Rd. *Blac* —1A **14**
Finsbury Av. *Blac* —7C **14** (8F **3**)
Finsbury Av. *Lyth A* —7G **23**
Fir Clo. *Fltwd* —4B **4**
Firfield Clo. *K'ham* —4B **20**
Fir Gro. *Blac* —7D **14** (8G **3**)
Fir Gro. *W'ton* —4A **26**
Firshill Clo. *T Clev* —7G **7**
First Av. *Blac* —3B **16**
First Av. *Poul F* —5K **11**
First Av. *W Grn* —5J **19**
Firswood Clo. *Lyth A* —7K **23**
Fir Tree Pl. *T Clev* —7E **6**
Fishermans Wlk. *Fltwd* —2F **5**
Fishermans Wharf. Fltwd —2F ***5***
(off Lofthouse Way)
Fisher's La. *Blac* —5E **16**
Fisher's Slack La. *Poul F* —6J **13**
Fisher St. *Blac* —3B **14**
Fitzroy Rd. *Blac* —5C **10**
Flag St. *Fltwd* —2G **5**
Flakefleet Av. *Fltwd* —5D **4**
Flaxfield Way. *K'ham* —4D **20**
Fleet St. *Blac* —5B **14** (3D **2**)
Fleet St. *Lyth A* —4C **22**
Fleetwood Docks. *Fltwd* —4F **5**
Fleetwood Golf Course. —2B 4
Fleetwood Mus. —1H 5
Fleetwood Rd. *Fltwd* —4D **4**
Fleetwood Rd. *Poul F* —2G **11**
Fleetwood Rd. *T Clev* —5B **6**
Fleetwood Rd. *Wesh* —1C **20**
Fleetwood Rd. N. *Fltwd & T Clev* —7E **4**
Fleetwood Rd. S. *T Clev* —6G **7**
Florence Av. *W'ton* —5A **26**
Florence St. *Blac* —4F **17**
Foldside. *Frec* —3F **27**
Folkestone Clo. *T Clev* —3E **6**
Folkestone Clo. *W'ton* —3B **26**
Folkestone Rd. *Lyth A* —3E **22**
Fordway Av. *Blac* —3D **14**
Forest Dri. *Lyth A* —7K **23**
Forest Ga. *Blac* —4C **14** (2G **2**)
Formby Av. *Fltwd* —7C **4**
Formby Rd. *Lyth A* —2E **22**
Forrest Ct. *Blac* —1D **14**
Forshaw Av. *Blac* —1E **14**
Forshaw Av. *Lyth A* —3C **22**
Forshaw Clo. *Fltwd* —4D **4**
Fouldrey Av. *Poul F* —3K **11**
Four La. Ends. *Blac* —3F **15**
Fourth Av. *Blac* —3B **16**
Foxdale Av. *Blac* —2C **14**
Foxglove Way. *Frec* —3G **27**
Foxhall Rd. *Blac* —6A **14** (5B **2**)
Foxhall Sq. *Blac* —6A **14** (5B **2**)
Fox Ind. Est. *Blac* —7E **10**
Fox La. Ends. *W Grn* —3H **19**
Foxwood Dri. *K'ham* —3B **20**
Frances Ho. *K'ham* —4D **20**
Francis St. *Blac* —3A **14**
Frazer Gro. *Blac* —1A **16** (10B **3**)
Freckleton By-Pass. *Frec* —4D **26**
Freckleton Ct. Lyth A —7D ***24***
(off Freckleton St.)
Freckleton Rd. *K'ham* —5E **20**
Freckleton St. *Blac* —6B **14** (4E **2**)
Freckleton St. *K'ham* —4E **20**
Freckleton St. *Lyth A* —7D **24**
Frederick St. *Blac* —2C **16** (10F **3**)
Fredora Av. *Blac* —7F **15**
Freemantle Av. *Blac* —6A **16**
Freeport. *Fltwd* —3F **5**
Freeport Village Retail Pk. *Fltwd* —3G **5**
Frenchwood Av. *Lyth A* —6A **24**
Friary Clo. *K'ham* —5F **21**
Frinton Gro. *Blac* —2D **10**
Frobisher Dri. *Lyth A* —2C **22**
Fulmars, The. *Poul F* —6G **11**
Fulwood Av. *Blac* —1E **14**
Furlong Cres. *Blac* —7F **11**
Furlong La. *Poul F* —3J **11**
Furness Av. *Blac* —1F **15**
Furness Av. *Fltwd* —5C **4**
Furness Ct. *Blac* —1F **15**
Furness Dri. *Poul I* —5A **12**
Further Ends Rd. *Frec* —4E **26**
Fylde Ct. *Kno S* —1J **5**
Fylde Rd. *Lyth A* —6J **23**
Fylde Rd. *Poul F* —4K **11**
Fylde St. *K'ham* —5D **20**
Fylde Vw. Clo. *Poul F* —6J **11**

Gadsby St. *Blac* —7A **14** (8B **3**)
Gainsborough Rd. *Blac* —5C **14** (3F **2**)
Galloway Cres. *Blac* —3E **10**
Galloway Rd. *Fltwd* —1E **4**
Galway Av. *Blac* —5C **10**
Gamble Rd. *T Clev* —3F **7**
Gannet Way. *Frec* —7E **20**
Gants La. *Stalm* —3D **8**
Garden Av. *W Grn* —5J **19**
Gardeners M. *Blac* —2B **14**
Garden St. *K'ham* —5D **20**
Garden St. *Lyth A* —5D **22**
Garden Ter. *Blac* —1A **16** (10C **3**)

Garden Wlk.—Holly Rd.

Garden Wlk. T Clev —2C 6
Garfield Ct. Blac —7H 15
Garfield St. Fltwd —1G 5
Garland Gro. Fltwd —3C 4
Garlick's Cotts. Lyth A —7D 24 (off N. Warton St.)
Garnet Clo. T Clev —1E 10
Garrick Gro. Blac —2D 14
Garstang Clo. Poul F —5H 11
Garstang New Rd. Sing —5E 12
Garstang Rd. Sing —4H 13
Garstang Rd. E. Poul F & Sing —5J 11
Garstang Rd. N. Wesh —2C 20
Garstang Rd. S. Wesh —3C 20
Garstang Rd. W. Blac & Poul F —7F 11
Garton Av. Blac —4B 16
Gaskell Cres. T Clev —5F 7
Gateside Ct. Blac —1F 15
Gateside Dri. Blac —1E 14
Gateway Clo. T Clev —1J 11
Gaydon Way. T Clev —1D 10
Geldof Dri. Blac —1B 14
General St. Blac —3A 14
George Av. Blac —1E 16
George St. Blac —3B 14 (1D 2) (in two parts)
George St. Lyth A —7C 24
Gerona Ct. T Clev —6H 7
Gerrard's Ter. Poul F —4H 11
Ghants La. Hamb —4F 9
Gildabrook Rd. Blac —5C 16
Gilderdale Ct. Lyth A —6D 24
Gill Ct. Blac —5A 16
Gillett Farm Cvn. Pk. Blac —5K 17
Gillow Rd. K'ham —3C 20
Gisburn Av. Lyth A —5G 23
Gisburn Gro. Blac —2D 14
Glades, The. Lyth A —6D 24
Glade Way. T Clev —1J 11
Gladstone St. Blac —1B 16 (10E 3)
Gladstone Way. T Clev —6E 6
Glastonbury Av. Blac —7D 14 (8G 3)
Glebe La. K'ham —5F 21
Glenapp Av. Blac —4E 16
Glenarden Av. T Clev —7D 6
Glencoe Av. Blac —7F 11
Glencross Pl. Blac —3D 16
Glendale Clo. Blac —3E 10
Glendale Clo. Poul F —5H 11
Gleneagles Ct. K'ham —5E 20
Glen Eldon Rd. Lyth A —4D 22
Glenfield Av. Blac —2D 10
Glengarry. Lyth A —7D 24
Glenholme Gdns. Poul F —6G 11
Glenmere Cres. T Clev —1B 10
Glenmore Av. T Clev —5G 7
Glenroyd Clo. Blac —6D 14 (5G 2)
Glen St. Blac —5D 14 (4G 2)
Glen, The. Kno S —2K 5
Glenwood St. Blac —4C 14 (1G 2)
Glossop Clo. Blac —2B 10
Gloucester Av. Blac —5C 14 (4F 2)
Gloucester Av. T Clev —3C 6
Gloucester Ct. Blac —5C 14 (4G 2)
Gloucester Rd. Lyth A —7J 23
Godwin Av. Blac —6D 14
Goe La. Frec —3E 26
Goldsboro Av. Blac —6E 14
Goldstone Dri. T Clev —1E 10
Goodwood Av. Blac —7C 10
Gordale Clo. Blac —2F 17
Gordon Av. T Clev —5G 7
Gordon Rd. Fltwd —3E 4
Gordon Rd. Lyth A —7J 23
Gordonstoun Pl. T Clev —5F 7
Gordon St. Blac —1A 16 (10B 3)
Gorse Av. T Clev —4E 6
Gorse Rd. Blac —5C 14 (4G 2)
Gorton St. Blac —3B 14 (1E 2)
Gosforth Rd. Blac —7B 10
Goyt St. Lyth A —4E 22
Gracamy Av. W'ton —5A 26
Grafton St. Blac —2B 14
Grahams Cvn. Pk., The. Blac —1K 17
Grammar School La. K'ham —4C 20
Grampian Way. Lyth A —5E 24
Granary, The. T Clev —6F 7
Granby Av. Blac —1D 14
Grand Manor Dri. Lyth A —4J 23
Grand Theatre. —4A 14 (2B 2)
Grange Av. T Clev —5G 7
Grange Clo. Kno S —1K 5
Grange Ct. Blac —3B 14
Grange Gdns. Poul F —6J 11
Grange La. Newt —7J 21
Grange La. Stalm —8D 8
Grange Rd. Blac —2D 14
Grange Rd. Fltwd —3C 4
Grange Rd. Hamb —6E 8
Grange Rd. Lyth A —4D 22
Grange Rd. Sing —6G 13
Grantham Rd. Blac —2B 14
Granville Rd. Blac —4C 14 (1E 2)
Grasmere Av. Fltwd —2D 4
Grasmere Av. T Clev —5G 7
Grasmere Rd. Blac —6B 14 (5E 2)
Grasmere Rd. Lyth A —2D 22
Grassington Pl. T Clev —7E 6
Grassington Rd. Lyth A —4H 23
Graving Dock Rd. Lyth A —6E 24
Gravner's Fld. T Clev —5J 7
Grebe Clo. Blac —2G 15
Greenacres. Frec —3F 27
Grn. Acres Av. K'ham —5D 20
Green Av. Blac —4B 16
Greenbanks. Blac —5E 10
Greenbriar Clo. Blac —7E 10
Greendale Clo. Fltwd —4B 4
Green Dri. Lyth A —5C 24
Green Dri. Poul F —1K 15
Green Dri. T Clev —2B 6
Greenfield Residential Pk. Frec —2J 27
Greenfield Rd. Fltwd —4E 4
Greenfield Rd. T Clev —7D 6
Greenfields Cres. Wesh —3B 20
Greenfinch Ct. Blac —3G 15
Greenhey. Lyth A —6E 24
Greenheys Av. Poul F —3G 11
Greenhill Av. Wesh —3D 20
Greenhill Pl. Blac —3B 14
Green La. Frec —4E 26
Green La. W. Frec —5D 26
Grn. Meadow. La. Hamb —6D 8
Greenmount Av. K'ham —4D 20
Greenmount Av. T Clev —4E 6
Grn. Oak Pl. T Clev —7F 7
Greenside Ct. W Grn —6J 19
Greenside, The. W Grn —6J 19
Green's La. Poul F —1G 9
Green St. Lyth A —7B 24
Green Way. Blac —3E 16
Greenways. Lyth A —5G 23
Greenwich Dri. Lyth A —6J 23
Greenwood Av. Blac —7C 14 (8G 3)
Greenwood Clo. Lyth A —7K 23
Gregory Av. Blac —3B 10
Gregory Pl. Lyth A —7B 24
Gregson Clo. Blac —4E 16
Gregson Dri. Fltwd —4E 4
Gregson St. Lyth A —7B 24
Grenfell Av. Blac —2D 14
Grenville Av. Lyth A —2D 22
Gresham Rd. T Clev —6C 6
Gresley Pl. Blac —6D 10
Greta Pl. Fltwd —4C 4
Gretdale Av. Lyth A —3D 22
Gretna Cres. T Clev —7C 6
Greystoke Ct. Blac —5A 16
Greystoke Pl. Blac —5A 16
Grindleton Clo. Blac —1G 15
Grizedale Av. Poul F —5H 11
Grizedale Ct. Blac —4D 14 (off Felgate Brow)
Grizedale Rd. Blac —1H 17
Grosvenor Ct. Lyth A —2F 23
Grosvenor Ct. T Clev —5B 6
Grosvenor Rd. Poul F —4J 11
Grosvenor St. Blac —4B 14 (1D 2)
Grosvenor St. Lyth A —7D 24
Grove St. Lyth A —4E 22
Grove, The. T Clev —4D 6
Grundy Art Gallery. —3A 14 (1B 2)
Grundy M. Blac —3B 16
Guildford Av. Blac —2B 10
Guildford Way. Poul F —2H 11
Gynn Av. Blac —1A 14
Gynn Sq. Blac —1A 14

Hackensall Rd. Kno S —2K 5
Haddon Ct. Blac —3B 10
Haddon Rd. Blac —3B 10
Hadleigh Rd. Poul F —2H 11
Haig Rd. Blac —1A 16 (9B 3)
Hales Rushes Rd. Pil —2K 9
Halford Pl. T Clev —1D 10
Halifax St. Blac —6E 14
Hallam Way. Blac —3K 17
Hall Av. Blac —1B 16 (10E 3)
Hall Pk. Dri. Lyth A —5J 23
Halton Av. T Clev —3D 6
Halton Gdns. Blac —2E 16
Halton Gdns. T Clev —3E 6
Hambleton Country Pk. Hamb —3E 8
Hamilton Clo. Lytham —6E 24
Hamilton Ct. Blac —5B 14 (3D 2)
Hamlet Rd. Fltwd —2E 4
Hamlet, The. Lyth A —1E 22
Hammerton Pl. Blac —1F 15
Hampshire Pl. Blac —4E 16
Hampstead Clo. Lyth A —5K 23
Hampstead M. Blac —2B 14
Hampton Ct. Lyth A —3H 23
Hampton Pl. T Clev —4D 6
Hampton Rd. Blac —2B 16
Handley Rd. Blac —3B 14
Handsworth Ct. Blac —2B 14
Handsworth Rd. Blac —2B 14
Hanover Cres. Blac —2B 10
Hapton St. T Clev —3G 7
Harbour Av. W'ton —4B 26
Harbour La. W'ton —3B 26
Harbour Trad. Est. Fltwd —4E 4
Harbour Way. Fltwd —3G 5
Harcourt Rd. Blac —2C 16
Hardaker Ct. Lyth A —5D 22
Hardhorn Ct. Poul F —5J 11
Hardhorn Rd. Poul F —5J 11
Hardhorn Way. Poul F —6J 11
Hardman St. Blac —3B 14
Harewood Av. Blac —7F 11
Harewood Clo. Poul F —3H 11
Hargate Rd. T Clev —5H 7
Hargreaves St. T Clev —4G 7
Harlech Av. Blac —1C 16 (9F 3)
Harlech Gro. T Clev —5J 7
Harley Rd. Blac —5D 14 (3G 2)
Harold Av. Blac —4F 17
Harrington Av. Blac —5A 16
Harris Av. Blac —1C 16 (9G 3)
Harrison Av. T Clev —5G 7
Harrison St. Blac —6B 14 (5E 2)
Harris St. Fltwd —2F 5
Harrogate Rd. Lyth A —4H 23
Harrow Av. Fltwd —3E 4
Harrow Pl. Blac —5A 16
Harrow Pl. Lyth A —6J 23
Harrowside. Blac —5A 16
Harrowside W. Blac —5A 16
Hartford Av. Blac —7C 14 (7G 3)
Harwich Rd. Lyth A —2F 23
Harwood Av. Lyth A —3D 22
Harwood Clo. Stalm —1D 8
Haslemere Av. Blac —6D 14
Haslow Pl. Blac —2E 14
Hastings Av. Blac —3D 10
Hastings Av. W'ton —3B 26
Hastings Clo. T Clev —6H 7
Hastings Pl. Lyth A —7B 24
Hastings Rd. Frec —7E 20
Hastings Rd. T Clev —6H 7
Hatfield Av. Fltwd —4D 4
Hatfield Clo. T Clev —5H 7
Hatfield Gdns. Fltwd —4D 4
Hatfield M. Fltwd —4D 4
Hatfield Wlk. Fltwd —4D 4
Hathaway. Blac —2D 16
Hathaway Rd. Fltwd —2D 4
Havelock St. Blac —5A 14 (4C 2)
Haven Rd. Lyth A —7D 24
Hawes Side La. Blac —1D 16 (10G 3)
Hawking Pl. Blac —3E 10
Hawkshead Ter. Blac —2J 17
Hawkstone Clo. T Clev —7J 7
Haworth Cres. Poul F —5K 11
Hawthorn Clo. Wesh —2B 20
Hawthorne Av. Fltwd —6D 4
Hawthorne Av. Newt —6J 21
Hawthorne Gro. Poul F —3F 11
Hawthorne Lea. T Clev —7H 7
Hawthorne Rd. T Clev —7G 7
Hawthorn Rd. Blac —2B 14
Hawthorns, The. Lyth A —1E 22
Hayfield Av. Blac —6D 10
Hayfield Av. Poul F —5K 11
Haymarket. Lyth A —5G 23
Hazel Av. Fltwd —6E 4
Hazeldene Rd. Fltwd —4E 4
Hazel Gro. Blac —4D 14 (2G 2)
Hazlewood Clo. T Clev —5F 7
Headfort Clo. Blac —6C 10
Headroomgate Rd. Lyth A —2E 22
Heald St. Blac —3C 14
Healey St. Blac —3C 14
Heather Clo. T Clev —6G 7
Heather Pl. Blac —6C 14 (5G 2)
Heathfield Rd. Fltwd —4D 4
Heathway Av. Blac —3D 14
Heaton Clo. Poul F —3H 11
Heaton Clo. T Clev —7H 7
Heaton Rd. Lyth A —4F 23
Hebden Av. Blac —1C 16 (9F 3)
Hedge Row. W Grn —6J 19
Heeley Rd. Lyth A —3C 22
Helens Clo. Blac —5C 16
Helmsdale Rd. Blac —3E 16
Hemingway. Blac —2C 16 (10F 3)
Henderson Rd. Fltwd —4E 4
Henley Av. T Clev —5C 6
Henley Ct. Blac —7D 10
Henry St. Blac —7B 14 (7D 3)
Henry St. Lyth A —7B 24
Henson Av. Blac —4D 16
Henthorne St. Blac —3B 14
Hereford Av. Blac —6D 14
Heriot Clo. T Clev —6E 6
Heritage Way. T Clev —6E 6
Hermitage, The. T Clev —5E 6
Hermitage Way. Lyth A —5J 23
Hermon Av. T Clev —6D 6
Heron Clo. T Clev —2E 6
Heron Row. Lyth A —4K 23
Herons Reach Golf Course. —5H 15
Heron Way. Blac —2G 15
Heron Way. Frec —7E 20
Hesketh Av. Blac —4A 10
Hesketh Ct. Blac —4A 10
Hesketh Pl. Fltwd —1G 5
Hesketh Rd. Lyth A —2F 23
Hetherington Pl. Blac —6D 10
Hexham Av. T Clev —3D 6
Heyhouses Ct. Lyth A —3G 23
Heyhouses La. Lyth A —2F 23
Heys St. T Clev —4G 7
Heywood St. Blac —5A 14 (3B 2)
Higham Gro. Blac —7E 14
Highbank Av. Blac —2F 17
Highbury Av. Blac —1D 14
Highbury Av. Fltwd —3D 4
Highbury Rd. E. Lyth A —2C 22
Highbury Rd. W. Lyth A —3B 22
Highcroft Av. Blac —2D 10
High Cross Av. Poul F —1J 15
Highcross Hill. Poul F —2J 15
High Cross Rd. Poul F —1J 15
Higher Grn. Poul F —5J 11
Higher Moor Rd. Blac —6E 10
Highfield Rd. Blac —4B 16
Highgate. Blac —5C 16
High Ga. Fltwd —3C 4
Highgate Clo. Newt —6J 21
High Ga. La. Stalm & Hamb —7K 5
Highgate La. W'ton —4B 26
Highgate Pl. Lyth A —5J 23
High St. Blac —3A 14 (1D 2)
High St. Fltwd —2G 5
Hilary Av. Blac —3B 10
Hill Cres. Newt —7J 21
Hillcrest Rd. Blac —6A 16
Hill Cft. K'ham —4E 20
Hillock La. W'ton —3A 26
Hillside Av. K'ham —4F 21
Hillside Clo. Blac —3D 14
Hillside Clo. T Clev —7J 7
Hill St. Blac —1A 16 (10C 3)
Hill Top Clo. Frec —3G 27
Hillview Rd. Wesh —3D 20
Hillylaid Rd. T Clev —5H 7
Hilstone La. Blac —7C 10
Hilton Av. Blac —1A 16 (10C 3)
Hilton Av. Lyth A —5H 23
Hilton Ct. Lyth A —6D 22
Hobart Pl. T Clev —7E 6
Hockley Pl. Blac —2E 14
Hodder Av. Blac —1C 16 (9F 3)
Hodder Av. Fltwd —4B 4
Hodder Clo. Fltwd —4B 4
Hodder Dri. Lyth A —4H 23
Hodder Way. Poul F —6J 11
Hodgson Av. Frec —5D 26
Hodgson Pl. Poul F —6J 11
Hodgson Rd. Blac —7B 10
Hoghton Clo. Lyth A —1E 22
Holbeck Av. Blac —2E 16
Holcombe Rd. Blac —7D 10
Holcroft Pl. Lyth A —6A 24
Holgate. Blac —4E 16
Hollsworth Ct. Blac —7C 14 (7G 3)
Holly Clo. T Clev —4H 7
Holly M. Lyth A —1E 22
Holly Rd. Blac —7B 10

Holly Rd.—Lennox Ct.

Holly Rd. *T Clev* —4G **7**
Hollywood Av. *Blac* —4D **14** (1G **2**)
Hollywood Gro. *Fltwd* —2E **4**
Holme Av. *Fltwd* —6C **4**
Holmefield Av. *T Clev* —4D **6**
Holmefield Clo. *T Clev* —5D **6**
Holmefield Rd. *Lyth A* —4E **22**
Holmes Rd. *T Clev* —4F **7**
Holmeswood. *K'ham* —4D **20**
Holmfield Rd. *Blac* —7A **10**
Holmfield Rd. *Kno S* —1K **5**
Holts La. *Poul F* —5A **12**
Holyoake Av. *Blac* —7D **10**
Homelinks Ho. *Lyth A* —7J **23**
Homestead Dri. *Fltwd* —5D **4**
Homestead, The. *Lyth A* —7B **24**
  (off Henry St.)
Homestead Way. *Fltwd* —5D **4**
Honey Pot La. *Sing* —4E **12**
Honeysuckle Pl. *Blac* —2E **10**
Honister Av. *Blac* —7D **14**
Honister Clo. *Fltwd* —4C **4**
Honister Sq. *Lyth A* —1E **22**
Hoo Hill Ind. Est. *Blac* —1D **14**
Hope St. *Lyth A* —4F **23**
Hopton Rd. *Blac* —7A **14** (7B **3**)
Hornby Av. *Fltwd* —6C **4**
Hornby Ct. *K'ham* —5E **20**
Hornby Dri. *Newt* —6J **21**
Hornby Pk. Ct. *Blac* —5C **14** (3F **2**)
Hornby Rd. *Blac* —5A **14** (3C **2**)
Hornby Rd. *Lyth A* —6D **22**
Hornby's La. *Pil* —1K **9**
Hornby's La. *Raw* —2H **9**
  (in two parts)
Horncliffe Rd. *Blac* —4A **16**
Hornsea Clo. *T Clev* —5J **7**
Hornsey Av. *Lyth A* —6A **16**
Horsebridge Rd. *Blac* —1G **15**
Horsfall Av. *Lyth A* —7B **24**
Houghton Av. *Blac* —2C **16**
Houghton Ct. *T Clev* —4G **7**
  (off Holmes Rd.)
Houghtons Ct. *K'ham* —4D **20**
  (off Marsden St.)
Hounds Hill Cen. *Blac* —4A **14** (2B **2**)
Houseman Pl. *Blac* —3D **16**
Hove Av. *Fltwd* —6B **4**
Hove Rd. *Lyth A* —5E **22**
Howard Clo. *Lyth A* —2D **22**
Howard St. *Blac* —3A **14**
Howden Heights. *Poul F* —5G **11**
Howe Av. *Blac* —2D **16**
Howgill Way. *Lyth A* —5E **24**
Hoyle Av. *Lyth A* —1E **22**
Huck La. *Lyth A* —3F **25**
Hudson Rd. *Blac* —7C **14** (8F **3**)
Hughes Gro. *Blac* —7D **10**
Hull Rd. *Blac* —5A **14** (3C **2**)
Hulme Av. *T Clev* —5H **7**
Humber Av. *Blac* —1D **14**
Hungerford Rd. *Lyth A* —6E **22**
Hunter Rd. *Frec* —7E **20**
Huntingdon Rd. *T Clev* —5B **6**
Huntley Av. *Blac* —2D **14**
Huntsman's Chase. *Trea* —3J **21**
Hurstleigh Heights. *T Clev* —5K **7**
Hurstmere Av. *Blac* —2D **16**
Hyde Rd. *Blac* —7A **14** (7C **3**)

Ibbison Ct. *Blac* —6B **14** (5D **2**)
Iddon Ct. *Blac* —2D **14**
  (off Elizabeth St.)
Idlewood Pl. *T Clev* —7E **6**
Ilford Rd. *Blac* —1D **16**
Ilkley Av. *Lyth A* —1K **23**
Ilkley Gro. *T Clev* —7C **6**
Imperial St. *Blac* —2A **14**
Imperial Wlk. *Blac* —2A **14**
Imperial Yd. *Blac* —2A **14**
  (off Imperial St.)
Ingleby Clo. *Lyth A* —2E **6**
Ingledene Cvn. Site. *T Clev* —6H **7**
Inglenook Clo. *T Clev* —6E **6**
Ingleton Av. *Blac* —3E **10**
Ingleway. *T Clev* —4D **6**
Ingleway Av. *Blac* —3D **14**
Inglewood Clo. *Fltwd* —5B **4**
Inglewood Clo. *W'ton* —4A **26**
Inglewood Gro. *Blac* —3D **10**
Ingol Gdns. *Hamb* —5D **8**
Ingol Gro. *Hamb* —5D **8**
Ingol La. *Hamb* —5D **8**
Ingthorpe Av. *Blac* —3C **10**
Inner Promenade. *Lyth A* —7E **22**

Inskip Pl. *Blac* —5D **16**
Inskip Pl. *Lyth A* —3G **23**
Inver Rd. *Blac* —5C **10**
Ipswich Pl. *T Clev* —5B **6**
Irvine Clo. *Blac* —3E **10**
Irwell St. *Lyth A* —4D **22**
Islay Rd. *Lyth A* —5J **23**
Ivy Av. *Blac* —5C **16**

Jackson St. *Blac* —2D **14**
Jacob's La. *Trea* —1J **21**
James Av. *Blac* —1E **16**
Jameson Rd. *Fltwd* —6E **4**
Jameson St. *Blac* —6B **14** (5E **2**)
Jeffrey Sq. *Blac* —6C **14** (6F **3**)
Jellicoe Clo. *Lyth A* —2D **22**
Jem Ga. *T Clev* —7C **6**
Jensen Dri. *Blac* —3B **18**
Jepson Way. *Blac* —6E **16**
Jersey Av. *Blac* —6D **10**
Jervis Clo. *Lyth A* —2C **22**
Jesmond Av. *Blac* —3A **16**
Jesmond Ct. *Lyth A* —3E **22**
John Hill St. *Blac* —7E **14**
Johnson Rd. *Blac* —7E **14**
John St. *Blac* —7A **14** (8C **3**)
John St. *T Clev* —3G **7**
Johnsville Av. *Blac* —3D **16**
Jones Gro. *Fltwd* —1G **5**
Joyce Av. *Blac* —7E **14**
Jubilee Dri. *T Clev* —4B **6**
Jubilee La. *Blac* —4G **17**
Jubilee La. N. *Blac* —4F **17**
  (in two parts)
Jubilee Quay. *Fltwd* —2G **5**
Jubilee St. *Frec* —3F **27**
Jubilee Ter. *Clif* —3F **27**
Jubilee Way. *Lyth A* —3G **23**
June Av. *Blac* —1F **17**

Kairnryan Clo. *Blac* —3E **10**
Katie Cotts. *Fltwd* —3F **5**
Kay St. *Blac* —5A **14** (4C **2**)
Keasden Av. *Blac* —3C **16**
Keating Ct. *Fltwd* —3E **4**
Keats Av. *W'ton* —3B **26**
Keats Clo. *T Clev* —5F **7**
Keele Clo. *T Clev* —5F **7**
Keepers Ga. *Lyth A* —4J **23**
Keeper's Hey. *T Clev* —3F **7**
Keith Gro. *T Clev* —6C **6**
Kelmarsh Clo. *Blac* —7G **15**
Kelso Av. *T Clev* —5C **6**
Kelsons Av. *T Clev* —5H **7**
Kelverdale Rd. *T Clev* —7E **6**
Kelvin Rd. *T Clev* —2C **10**
Kemp St. *Fltwd* —1G **5**
Kempton Av. *Blac* —6D **14**
Kendal Av. *Blac* —7E **10**
Kendal Av. *T Clev* —3C **6**
Kendal Rd. *Lyth A* —2C **22**
Kenilworth Av. *Fltwd* —3D **4**
Kenilworth Ct. *Fltwd* —3C **4**
Kenilworth Ct. *Lyth A* —6E **22**
Kenilworth Gdns. *Blac* —3A **16**
Kenilworth Pl. *Fltwd* —3C **4**
Kenilworth Rd. *Lyth A* —5E **22**
Kensington Rd. *Blac* —5C **14** (3G **2**)
Kensington Rd. *Lyth A* —7J **23**
Kensington Rd. *T Clev* —4B **6**
Kent Av. *T Clev* —3D **6**
Kentmere Clo. *Fltwd* —3C **4**
Kentmere Dri. *Blac* —1H **17**
Kent Rd. *Blac* —5A **14** (4C **2**)
Kent's Clo. *Wesh* —2B **20**
Kent St. *Fltwd* —1G **5**
Kenwyn Av. *Blac* —6D **14**
Kerslea Av. *Blac* —1J **15**
Keston Gro. *Blac* —5B **16**
Kestrel Clo. *T Clev* —2E **6**
Keswick Rd. *Blac* —6B **14** (6E **3**)
Keswick Rd. *Lyth A* —3D **22**
Kevin Av. *Poul F* —3A **12**
Kew Gro. *T Clev* —6C **6**
Kidbrooke Av. *Blac* —6A **16**
Kielder Ct. *Lyth A* —6D **24**
Kilbane St. *Fltwd* —5E **4**
Kildare Av. *T Clev* —3F **7**
Kildare Rd. *Blac* —5C **10**
Kildonan Av. *Blac* —4E **16**
Kilgrimol Gdns. *Lyth A* —2B **22**
Kilmory Rd. *Blac* —3E **10**
Kilnhouse La. *Lyth A* —2E **22**
Kiln La. *Hamb* —5C **8**

Kimberley Av. *Blac* —5C **16**
Kimberly Clo. *Frec* —4E **26**
Kincardine Av. *Blac* —4F **17**
Kincraig Ct. *Blac* —4E **10**
Kincraig Pl. *Blac* —2E **10**
Kincraig Rd. *Blac* —2E **10**
Kinder Corner. *Poul F* —5G **11**
King Edward Av. *Blac* —7A **10**
King Edward Av. *Lyth A* —7E **23**
Kingfisher Dri. *Poul F* —6G **11**
Kingfisher M. *Poul F* —6G **11**
King George Av. *Blac* —7A **10**
King's Clo. *Poul F* —5K **11**
King's Clo. *Stain* —4K **15**
Kingscote Dri. *Blac* —2D **14**
  (in two parts)
Kingsland Gro. *Blac* —6C **14** (6G **3**)
Kingsley Clo. *T Clev* —4F **7**
Kingsley Rd. *Blac* —7G **15**
Kingsmede. *Blac* —4D **16**
Kingsmere Av. *Lyth A* —2E **22**
King's Rd. *Lyth A* —6D **22**
Kings Rd. *T Clev* —5B **6**
King's Sq. *Blac* —4B **14** (1D **2**)
Kingston Av. *Blac* —5B **16**
Kingston Dri. *Lyth A* —5J **23**
Kingston M. *T Clev* —4G **7**
  (off Crabtree Orchard)
King St. *Blac* —4B **14** (1D **2**)
King St. *Fltwd* —2F **5**
King's Wlk. *T Clev* —2C **6**
Kingsway. *Blac* —3B **16**
Kingsway. *Lyth A* —7H **23**
Kingsway. *T Clev* —5B **6**
Kingswood Clo. *Lyth A* —7K **23**
Kinnerton Pl. *T Clev* —7E **6**
Kinross Cres. *Blac* —1F **17**
Kintbury Rd. *Lyth A* —7E **22**
Kintour Rd. *Lyth A* —5K **23**
Kintyre Clo. *Blac* —3E **16**
Kipling Clo. *Blac* —7G **15**
Kipling Dri. *Blac* —7G **15**
Kipling Mnr. *Blac* —7G **15**
Kirby Dri. *Frec* —4E **26**
Kirby Rd. *Blac* —7A **14** (7B **3**)
Kirkby Av. *T Clev* —3D **6**
Kirkdale Av. *Lyth A* —4E **22**
Kirkgate. *K'ham* —4E **20**
Kirkgate Cen. *K'ham* —4E **20**
Kirkham & Wesham By-Pass. *K'ham*
  —4B **20**
Kirkham Av. *Blac* —7D **14**
Kirkham By-Pass. *K'ham* —5C **20**
Kirkham Rd. *Frec* —7D **20**
Kirkham Rd. *Trea* —3G **21**
Kirkham Trad. Pk. *K'ham* —5E **20**
Kirkstall Av. *Blac* —7D **14**
Kirkstone Av. *Fltwd* —5C **4**
Kirkstone Dri. *T Clev* —1B **10**
Kirkstone Rd. *Lyth A* —2C **22**
Kirton Cres. *Lyth A* —5H **23**
Kirton Pl. *T Clev* —6D **6**
Kittiwake Clo. *T Clev* —6E **6**
Kitty La. *Blac* —6F **17**
Knaresboro Av. *Blac* —6E **14**
Knaresborough Clo. *Poul F* —3H **11**
Kneps Farm Holiday Home &
  Touring Pk. *T Clev* —4K **7**
Knightsbridge Av. *Blac* —4C **16**
Knightsbridge Clo. *Lyth A* —5J **23**
Knightsbridge Clo. *Wesh* —3B **20**
Knights Clo. *T Clev* —6E **6**
Knitting Row. *Out R* —3H **9**
Knott End Golf Course. —2J **5**
Knowle Av. *Blac* —7A **10**
Knowle Av. *T Clev* —6D **6**
Knowles Rd. *Lyth A* —4D **22**
Knowle, The. *Blac* —6B **10**
Knowsley Av. *Blac* —6D **14**
Knowsley Cres. *T Clev* —5H **7**
Knowsley Ga. *Fltwd* —2C **4**
Knox Gro. *Blac* —6C **14** (6F **3**)
Knutsford Rd. *Blac* —7G **15**
Kumara Cres. *Blac* —1G **17**
Kylemore Av. *Blac* —6C **10**
Kytson Clo. *Blac* —2B **14**

Laburnum Av. *Lyth A* —5C **24**
Laburnum St. *Blac* —2C **14**
Ladybower La. *Poul F* —5G **11**
Lagonda Dri. *Blac* —3A **18**
Laidley's Wlk. *Fltwd* —1D **4**
Lake Point. *Lyth A* —7J **23**
Lake Rd. *Lyth A* —7H **23**
Lake Rd. N. *Lyth A* —7H **23**

Lakeway. *Blac* —3E **14**
Lakewood Av. *T Clev* —6C **6**
Lamaleach Dri. *Frec* —4D **26**
Lamaleach Pk. *Frec* —5C **26**
Lambs Hill Clo. *T Clev* —6J **7**
Lambs Rd. *T Clev* —6J **7**
Lamour Pl. *Fltwd* —3C **4**
Lanark Av. *Blac* —2B **10**
Lancaster Av. *Lyth A* —7E **22**
Lancaster Av. *T Clev* —5H **7**
Lancaster Ga. *Fltwd* —3C **4**
Lancaster Rd. *Blac* —7F **15**
Lancaster Rd. *Kno S* —1K **5**
Lancia Cres. *Blac* —3B **18**
  (off Bentley Dri.)
Landcrest Clo. *Frec* —7E **20**
Landseer Av. *Blac* —4B **10**
Lanefield Dri. *T Clev* —3B **6**
Langdale Clo. *Frec* —4D **26**
Langdale Clo. *T Clev* —5G **7**
Langdale Ct. *Fltwd* —4D **4**
Langdale Pl. *Blac* —1H **17**
Langdale Rd. *Blac* —1G **17**
Langdale Rd. *Lyth A* —2C **22**
Langdon Way. *Blac* —6D **10**
Langfield Av. *Blac* —5B **16**
Lang St. *Blac* —3B **14**
Langton Rd. *K'ham* —4D **20**
Langwood. *Fltwd* —4D **4**
Lansdowne Pl. *Blac* —3A **14**
Lansdowne Rd. *Lyth A* —6H **23**
Lansdown Rd. *Wesh* —2D **20**
Lanterns, The. *Poul F* —4J **11**
Lapwing Row. *Lyth A* —4K **23**
Lapwings, The. *Poul F* —6G **11**
Larbreck Av. *Blac* —2D **14**
Larbreck Rd. *Poul F* —7J **13**
Larbreck Rd. *Sing* —4H **13**
  (in two parts)
Larch Clo. *Frec* —5C **26**
Larch Dri. *Frec* —5C **26**
Larchwood Clo. *Lyth A* —7K **23**
Lark Ct. *Fltwd* —5C **4**
Lark Hill St. *Blac* —3B **14** (1D **2**)
Larkholme Av. *Fltwd* —5D **4**
Larkholme La. *Fltwd* —5D **4**
Larkholme Lodge. *Fltwd* —5E **4**
Larkholme Pde. *Fltwd* —5B **4**
  (in two parts)
Latham Av. *Blac* —6D **14**
Lauderdale Av. *T Clev* —6C **6**
Laundry Rd. *Blac* —5F **17**
Laundry Rd. N. *Blac* —4F **17**
Laurel Av. *Blac* —7D **14**
Laurel Av. *Fltwd* —6E **4**
Laurel Av. *Lyth A* —5C **24**
Laurel Dri. *T Clev* —5F **7**
Laurier Av. *Blac* —4B **16**
Lauriston Clo. *Blac* —4F **17**
Laverton Rd. *Lyth A* —6F **23**
Lawn Ct. *Blac* —5C **14** (3F **2**)
Lawnsdale Cvn. Pk. *Lyth A* —1F **25**
Lawnswood Av. *Poul F* —6G **11**
Lawnswood Cres. *Blac* —7H **15**
Lawn Tennis Ct. *Blac* —5C **16**
Lawrence Av. *Lyth A* —5F **23**
Lawrence Row. *Fltwd* —2F **5**
Lawrence St. *Blac* —1A **16** (10B **3**)
Lawson Rd. *Blac* —6E **14**
Lawson Rd. *Lyth A* —1F **23**
Lawsons Ct. *T Clev* —6H **7**
Lawsons Rd. *T Clev* —5H **7**
Lawswood. *T Clev* —6H **7**
Laycock Ga. *Blac* —3C **14**
Layton Rd. *Blac* —2D **14**
Lazenby Av. *Fltwd* —4B **4**
Leach Cres. *Lyth A* —1E **22**
Leach La. *Lyth A* —1D **22**
Leaford Av. *Blac* —1F **15**
Leamington Rd. *Blac* —4B **14** (2E **2**)
Leamington Rd. *Lyth A* —5E **22**
Leander Gdns. *Poul F* —6J **11**
Leavesley Rd. *Blac* —1B **14**
Lea Way Clo. *T Clev* —4J **7**
Leckhampton Rd. *Blac* —1A **14**
Ledbury Av. *Lyth A* —6G **23**
Ledbury Rd. *Blac* —2F **15**
Leeds Rd. *Blac* —4C **14** (2F **2**)
Lee Rd. *Blac* —2G **17**
Leicester Av. *T Clev* —4D **6**
Leicester Clo. *T Clev* —4D **6**
Leicester Rd. *Blac* —4C **14** (2F **2**)
Leighton Av. *Fltwd* —3C **4**
Leith Av. *T Clev* —5C **6**
Lemon Tree Ct. *Lyth A* —6A **16**
Lennox Ct. *Blac* —4C **16**

Lennox Ga.—Mill La.

Lennox Ga. Blac —3C 16
Lentworth Av. Blac —3C 10
Leopold Gro. Blac —4A 14 (2C 2)
Leslie Av. T Clev —5H 7
Leven Av. Fltwd —4C 4
Levens Clo. Poul F —1J 15
Levens Ct. Blac —7B 14 (6E 3)
Levens Dri. Poul F —7J 11
Levens Gro. Blac —7B 14 (7E 3)
Lever Ct. Lyth A —4F 23
Lever St. Blac —5D 14 (3G 2)
Levine Av. Blac —1F 17
Lewtas St. Blac —3A 14
Leyburn Av. Blac —3B 10
Leyburn Av. Fltwd —4D 4
Leyfield Clo. Blac —7F 11
Leylands, The. Lyth A —7A 24
Leys Rd. Blac —7C 10
Library M. Blac —3D 16
Lichfield Rd. Blac —1B 14
Lidun Pk. Ind. Est. Lyth A —5F 25
Liggard Ct. Lyth A —6D 24
Lightbown Av. Blac —6D 14
Lightburne Av. Lyth A —7E 22
Lighthouse Clo. Fltwd —1G 5
(off Kent St.)
Lightwood Av. Blac —2B 16 (10E 3)
Lightwood Av. Lyth A —7J 23
Lilac Av. Blac —7C 14 (7F 3)
Lilac Av. Lyth A —5C 24
Lilac Clo. W'ton —5A 26
Lily St. Blac —4B 14 (1E 2)
Lima Rd. Lyth A —5F 23
Lime Av. K'ham —5E 20
Limebrest Av. T Clev —7J 7
Limechase Clo. Blac —4F 17
Lime Ct. Lyth A —3C 22
Lime Gro. Blac —6D 10
Lime Gro. Lyth A —3B 22
Lime Gro. Poul F —6K 11
Lime Gro. T Clev —6H 7
Limerick Rd. Blac —5C 10
Lincoln Av. Fltwd —3D 4
Lincoln Av. T Clev —4D 6
Lincoln Ct. Blac —5B 14 (3E 2)
Lincoln Rd. Blac —4B 14 (2E 2)
Lindadale Av. T Clev —5G 7
Lindale Gdns. Blac —4D 16
Lindbeck Ct. Blac —2H 17
Lindbeck Rd. Blac —1H 17
Lindel Rd. Fltwd —4D 4
Linden Av. T Clev —4E 6
Linden Clo. T Clev —5E 6
Linden Grn. T Clev —4E 6
Linden M. Lyth A —1E 22
Linden Pl. Blac —5D 10
Lindley Cft. T Clev —5K 7
Lindsay Av. Blac —6D 14
Lindsay Av. Lyth A —5G 23
Lindsay Av. Poul F —6J 11
Lindsay Ct. Lyth A —6A 16
Linfield Ter. Blac —4D 16
Lingfield Rd. Fltwd —4D 4
Links Ga. Lyth A —5E 22
Links Ga. T Clev —1J 11
Links Lodge. Lyth A —5F 23
Links Rd. Blac —7B 10
Links Rd. Kno S —1J 5
Links Rd. Lyth A —6D 22
Links, The. T Clev —3B 6
Links Vw. Lyth A —6H 23
Linnet Clo. Blac —3G 15
Linnet La. Lyth A —4K 23
Lit. Acre. T Clev —7J 7
Lit. Poulton La. Poul F —5A 12
Littlewood. Fltwd —3D 4
Liverpool Rd. Blac —4C 14 (1F 2)
Livesey St. Lyth A —7B 24
Livet Av. Blac —3C 16
Livingstone Rd. Blac —5B 14 (3D 2)
Lochinch Clo. Blac —4F 17
Lockerbie Av. T Clev —6C 6
Lockhurst Av. T Clev —7E 6
Lockwood Av. Poul F —4J 11
Lodge Clo. Frec —3E 26
Lodge Clo. T Clev —1B 10
Lodge Ct. Stain —5J 15
Lodge Ct. T Clev —1B 10
Lodge La. Lyth A & W'ton —5G 25
Lodge La. Sing —5E 12
Lodore Rd. Blac —4B 16
Lofthouse Way. Fltwd —2F 5
Loftos Av. Blac —2C 16
Lomond Av. Blac —6E 14
Lomond Av. Lyth A —5G 23
London Rd. Blac —3C 14 (1G 2)
London St. Fltwd —1F 5
Longacre Pl. Lyth A —6B 24
Longfield Av. Poul F —4J 11
Longfield Pl. Poul F —4J 11
Longford Av. Blac —3D 10
Longhouse La. Poul F —1J 15
Long Mdw. K'ham —4B 20
Longmeadow La. Red M —4H 7
Longridge Av. Blac —5D 16
Longton Av. T Clev —5G 7
Longton Rd. Blac —4B 14 (2E 2)
Longway. Blac —2E 16
Longwood Clo. Lyth A —7K 23
Lonsdale Av. Fltwd —3D 4
Lonsdale Cres. Fltwd —3D 4
Lonsdale Rd. Blac —7A 14 (7C 3)
Lord St. Blac —3A 14
Lord St. Fltwd —2F 5
Lord St. Lyth A —4D 22
Lorne Rd. Blac —6C 10
Lorne St. Lyth A —6E 24
Lostock Gdns. Blac —4C 16
Lothian Av. Fltwd —3C 4
Lothian Pl. Blac —3D 10
Lotus Dri. Blac —3B 18
Loughrigg Ter. Blac —1H 17
Louise St. Blac —6A 14 (5C 2)
Louis Tussaud's Waxworks. —5A 14 (4B 2)
Lowcross Rd. Poul F —6K 11
Lower Grn. Poul F —5K 11
Lower La. Frec —7E 20
Lwr. Lune St. Fltwd —1G 5
Lower Wlk. Blac —3A 14
Lowes Ct. Blac —10B 3
Lowes Ct. T Clev —4G 7
Lowesway. Blac —2E 16
Lowesway. T Clev —4G 7
Lowfield Clo. Newt —7J 21
Lowfield Rd. Blac —3E 16
Lowick Dri. Poul F —1J 15
Lowland Way. Blac —2E 10
Low Moor Rd. Blac —5D 10
Lowood Lodge. Lyth A —7B 24
Lowrey Ter. Blac —7A 14 (8C 3)
Lowstead Pl. Blac —4D 16
Lowther Av. Blac —6A 10
Lowther Ct. Blac —6A 10
Lowther Ct. Lytham —7B 24
Lowther Gardens. —7A 24
Lowther Rd. Fltwd —2E 4
Lowther Ter. Lyth A —7B 24
Lowton Rd. Lyth A —3F 23
Loxham Gdns. Blac —4C 16
Loxley Pl. T Clev —1D 10
Loxley Pl. E. T Clev —1D 10
Ludlow Gro. Blac —6E 10
Lulworth Av. Blac —7F 15
Lune Clo. K'ham —4E 20
Lunedale Av. Blac —1B 16 (9E 3)
Lune Gro. Blac —6B 14 (7E 3)
Lune Rd. Fltwd —2E 4
Lunesdale Clo. Lyth A —4H 23
Lunesdale Rd. K'ham —4D 20
Lune Vw. Kno S —1K 5
Luton Rd. T Clev —6C 6
Lyceum Av. Blac —5C 14 (3G 2)
Lyddesdale Av. T Clev —6C 6
Lyme Gro. Kno S —1K 5
Lyncroft Cres. Blac —2D 14
Lyndale Cvn. Pk. Blac —3A 18
Lyndale Ct. Fltwd —1G 5
(off Bold St.)
Lyndhurst Av. Blac —1C 16 (10F 3)
Lynn Gro. Blac —2A 14
Lynton Av. Blac —2C 16
Lynton Ct. Fltwd —6B 4
Lynwood Av. Blac —1D 14
Lynwood Dri. Stalm —1D 8
Lynwood Pk. W'ton —4C 26
Lythall Av. Lyth A —6E 24
Lytham Golf Course. —5D 24 (Green Dri.)
Lytham Hall. —6A 24
Lytham Lifeboat Mus. —7D 24
Lytham Rd. Blac —7A 14 (6B 3)
Lytham Rd. Lyth A & W'ton —5F 25
Lytham Rd. Mos S —1E 24
Lytham St Anne's Nature Reserve & Vis. Cen. —1B 22
Lytham St. Lyth A —4J 23
Lythra Ct. Lyth A —6E 22

M

Macauley Av. Blac —2D 16
Macbeth Rd. Fltwd —2D 4
McCall Clo. W Grn —6H 19
Maclaren Clo. Blac —4J 15
Madison Av. Blac —3A 10
Magdalen Rd. T Clev —6C 6
Maida Va. T Clev —7C 6
Main Dri. Poul F —6K 11
Mains La. Poul F —2A 12
Maitland Av. T Clev —6C 6
Majestic, The. Lyth A —5C 22
Malcolm Pl. Fltwd —2D 4
Maldern Av. Poul F —3H 11
Malham Av. Blac —2C 16 (10G 3)
Mallard Clo. T Clev —2F 7
Mallard Ct. Blac —3G 15
Mall, The. Lyth A —4H 23
Maltby Pl. Blac —7E 14
Maltings, The. T Clev —3F 7
Malvern Av. Blac —1C 16 (9F 3)
Malvern Rd. Lyth A —6J 23
Manchester Rd. Blac —3C 14 (1G 2)
Manor Ct. Blac —2B 14
(FY1)
Manor Ct. Blac —2D 16
(FY4)
Manor Ct. T Clev —4B 6
Manor Dri. K'ham —5F 21
Manor Dri. Poul F —4K 11
Manor Dri. T Clev —4C 6
Manor Ho. Pk. T Clev —4B 6
Manor Rd. Blac —5C 14 (3F 2)
Manor Rd. Fltwd —1D 4
Manor Rd. W Grn —5J 19
Manor Way. W Grn —6J 19
Manorwood. Fltwd —2D 4
Manor Wood. Wesh —2E 20
Mansfield Rd. Blac —2C 14
Maple Av. Blac —4C 14 (2G 2)
Maple Av. Fltwd —6E 4
Maple Av. T Clev —7H 7
Maple Clo. Newt —7J 21
Maple Dri. Poul F —6K 11
Maple Gro. W'ton —4A 26
Maplewood Clo. Lyth A —6A 24
Maplewood Dri. T Clev —7B 6
Marble Av. T Clev —1E 10
Marchwood Rd. Blac —1G 15
Marcroft Av. Blac —3D 16
Mardale Av. Blac —1H 17
Margate Av. Blac —4D 16
Margate Rd. Lyth A —3E 22
Marina Av. Blac —7C 14 (8F 3)
Marina Av. Stain —1J 15
Marina M. Fltwd —3G 5
Marine Dri. Lyth A —7J 23
Marine Pde. Fltwd —5B 4
Mariners Clo. Fltwd —5D 4
Marino Clo. T Clev —7J 7
Maritime St. Fltwd —4E 4
Market Pl. Fltwd —2H 5
Market Pl. Poul F —5J 11
Market Sq. K'ham —4E 20
Market Sq. Lyth A —7B 24
Market St. Blac —4A 14 (1B 2)
Market St. Hamb —5D 8
Market St. Wesh —3B 20
Marksbury Shop. Cen. Fltwd —5B 4
Marlborough Av. T Clev —2B 6
Marlborough Av. W'ton —4A 26
Marlborough Rd. Blac —5C 14 (3G 2)
Marlborough Rd. Lyth A —2D 22
Marlhill Rd. Blac —1F 15
Marquis Dri. Frec —3F 27
Marquis St. K'ham —4C 20
Marsden Rd. Blac —2C 16 (10G 3)
Marsden St. K'ham —4D 20
Marsh Ct. T Clev —5F 7
Marshdale Rd. Blac —3E 16
Marsh Dri. Frec —3G 27
Marsh Gates. Frec —3G 27
Marsh La. Hamb —6D 8
Marsh Mill Village. T Clev —5F 7
Marsh Rd. T Clev —5F 7
Marsh Vw. Newt —7J 21
Martin Av. Lyth A —6B 16
Martindale Av. Fltwd —4B 4
Marton Dri. Blac —2C 16 (10G 3)
Marton Vw. Blac —5D 14
Maryland. Blac —3B 18
(off Preston New Rd.)
Maryland Cvn. Pk. Blac —3B 18
Masefield Av. T Clev —4F 7
Mason Clo. Frec —4F 27
Matcham Ct. Blac —4A 14 (2B 2)
Mather St. Blac —2C 14
Matthews Ct. Blac —3C 16
Maudland Rd. Blac —7B 14 (8D 3)
Maurice Gro. Blac —6D 10
Mawson Clo. Blac —6E 14
Maxwell Gro. Blac —6D 10
Maybell Av. T Clev —4E 6
Maycroft Av. Poul F —3G 11
Mayfair Clo. Lyth A —5J 23
Mayfair Dri. T Clev —7H 7
Mayfair Gdns. T Clev —6H 7
Mayfair Rd. Blac —7D 14
Mayfield Av. Blac —4B 16
Mayfield Av. K'ham —4C 20
Mayfield Av. T Clev —3E 6
Mayfield Pl. Fltwd —4E 4
Mayfield Rd. Lyth A —4D 22
Mayor Av. Blac —7B 14 (7E 3)
Meadow Av. Fltwd —6D 4
Meadowbrook. Blac —7H 15
Meadow Clo. W Grn —6J 19
Meadow Ct. Trea —1J 21
Meadow Cres. Poul F —5F 11
Meadow Cres. Wesh —3B 20
Meadowcroft. Lyth A —2F 23
Meadowcroft Av. Hamb —6D 8
Meadowcroft Av. T Clev —5D 6
Meadow Dri. W'ton —5K 25
Meadow La. Kno S —2K 5
Meadow La. Lyth A —6F 25
Meadow Pk. Stain —4J 15
Meadow Pk. Wesh —3B 20
Meadows Av. T Clev —5E 6
Meadows, The. T Clev —5E 6
Meadow Vw. Gt Plu —2G 19
Meadway. Blac —1E 16
Meanwood Av. Blac —2E 16
Mede, The. Frec —7E 20
Medlar Clo. Wesh —2B 20
Medlar Ct. Wesh —3D 20
Medlar Ga. Wesh —3D 20
Medlock Av. Fltwd —3B 4
Medlock Pl. Fltwd —4C 4
Medway Av. Fltwd —6C 4
Melbourne Av. Fltwd —6C 4
Melbourne Av. T Clev —1E 10
Melbourne Ct. T Clev —7E 6
Melling's La. Lyth A —2F 23
Mellings Wood. Lyth A —2F 23
Mellor Rd. K'ham —4D 20
Mellwood Av. Blac —7E 10
Melrose Av. Blac —1D 14
Melton Gro. Lyth A —7K 23
Melton Pl. T Clev —7B 6
Melville Rd. Blac —4B 10
Memory Clo. Frec —3E 26
Mendip Clo. Lyth A —5F 25
Mere Av. Fltwd —5C 4
Mere Brook. Stain —4K 15
Mereland Rd. Blac —7F 15
Mere Pk. Ct. Blac —7F 15
Mere Rd. Blac —4C 14 (2G 2)
Mereside Lodge. Blac —1G 17
Merlyn Rd. T Clev —6D 6
Mersey Rd. Blac —2A 16
Mersey Rd. Fltwd —2D 4
Metropole Bldgs. Blac —3A 14 (1B 2)
Metropolitan Bus. Pk. Blac —7G 15
Metropolitan Dri. Blac —7G 15
Mews, The. Lyth A —3G 23
Mexford Av. Blac —7C 10
Meyler Av. Blac —1D 14
Mickleden Rd. Blac —1H 17
Micklegate. T Clev —1B 10
Middle St. Blac —6A 14 (5C 2)
Middleton Av. Fltwd —5C 4
Middle Wlk. Blac —2A 14
Midgeland Rd. Blac —3F 17
Midgeland Ter. Blac —5H 17
Milbanke Av. K'ham —3D 20
Milbourne St. Blac —4B 14 (1D 2)
Milburn Av. T Clev —2E 6
Mildred Clo. T Clev —4F 7
Mile Rd. Sing —7G 13
Miletas Pl. Lyth A —7H 23
Milford Av. Blac —7C 10
Millbrook M. Lyth A —6D 24
Mill Dyke Clo. Blac —4E 16
Miller Cres. Sing —7F 13
Millers Clo. Lyth A —4J 23
Millersdale Clo. T Clev —7J 7
Miller St. Blac —1A 16 (10B 3)
Millfield Clo. W'ton —4C 26
Millfield Rd. Blac —4E 16
Mill Hey Av. Poul F —7K 11
Millington Av. Blac —2D 16
Mill La. Fltwd —2G 5

Mill La.—Pickmere Clo.

Mill La. Hamb —7E **8**
Mill La. Stain —3J **15**
Mill La. W'ton —4C **26**
Millom Av. Blac —4C **10**
Millom Clo. Fltwd —6B **4**
Mill St. K'ham —4D **20**
Mill Vw. Frec —3E **26**
Milner Rd. Lyth A —7K **23**
Milnthorpe Av. T Clev —2C **6**
Milton Av. Blac —4D **14**
Milton Av. T Clev —4F **7**
Milton Cres. Poul F —1J **15**
Milton St. Fltwd —1F **5**
Minstrel Wlk. Poul F —4J **11**
Mirfield Gro. Blac —1C **16** (10G 3)
Mitcham Rd. Blac —2G **17**
Mitton Cres. K'ham —4D **20**
Molyneux Dri. Blac —3C **16**
Molyneux Pl. Lyth A —6B **24**
Monarch Cres. Lyth A —3H **23**
Monks Ga. Lyth A —4J **23**
Monroe Dri. Fltwd —3C **4**
Montague St. Blac —2A **16** (10B 3)
Montpelier Av. Blac —3B **10**
Montreal Av. Blac —5C **14** (3F 2)
Montrose Av. Blac —6B **14** (5D 2)
Moon Av. Blac —7A **14** (8C 3)
Moore St. Blac —1A **16** (10G 3)
Moore Tree Dri. Blac —2F **17**
Mooreview Ct. Blac —3E **16**
Moorfield Av. Blac —3D **14**
Moorfield Av. Poul F —3G **11**
Moorfield Dri. Lyth A —6B **24**
Moorfields. Blac —4E **10**
Moorgate. Trea —4E **16**
Moor Hall La. Newt —5J **21**
Moorhead Gdns. W'ton —3B **26**
Moorhen Pl. T Clev —6E **6**
Moor Ho. St. Blac —2A **14**
Moorland Av. Poul F —4K **11**
Moorland Ct. Poul F —4K **11**
Moorland Gdns. Poul F —4K **11**
Moorland Rd. Lyth A —4F **23**
Moorland Rd. Poul F —4K **11**
Moor Pk. Av. Blac —5C **10**
Moor Pk. Ind. Est. Blac —4E **10**
Moorside. Trea —1G **21**
Moor St. K'ham —4D **20**
Moorway. Poul F —4K **11**
Moresby Av. Blac —2G **15**
Moreton Dri. Poul F —6J **11**
Moreton Dri. Stain —3J **15**
Morland Av. Wesh —2C **20**
Morley Rd. Blac —2D **16**
Mornington Rd. Lyth A —6F **25**
Morston Av. Blac —7D **10**
Moss Bank Pl. Blac —2E **16**
Mossbourne Rd. Poul F —6H **11**
Moss Edge La. Lyth A —7F **17**
(in two parts)
Moss Edge La. Poul F —1K **9**
Moss Hall La. Lyth A —4J **23**
Moss Ho. La. West —3B **18**
Moss Ho. Rd. Blac —5E **16**
Moss La. E. Trea —1K **21**
Moss La. W. Trea —3H **21**
Mossom La. T Clev —1C **10**
Moss Side La. Lyth A —7G **19**
Moss Side La. Stalm —1E **8**
Moss Way. Blac —3E **16**
Mt. Apartments. Fltwd —1F **5**
Mount Rd. Fltwd —1F **5**
Mount St. Blac —3A **14**
Mount St. Fltwd —2F **5**
Mowbray Dri. Blac —7E **10**
Mowbray Pl. Fltwd —2D **4**
Mowbray Rd. Fltwd —2D **4**
Mowbreck Cvn. Pk. Wesh —2E **20**
Mowbreck Ct. Wesh —3D **20**
Mowbreck Hall Cvn. Pk. Wesh
—2E **20**
Mowbreck La. Wesh —2C **20**
Mulberry M. Blac —2E **10**
Munster Av. Blac —5C **10**
Murchison Gro. T Clev —6D **6**
Myerscough Av. Blac —5E **16**
Myerscough Av. Lyth A —3C **22**
Myra Rd. Lyth A —7G **23**
Myrtle Av. Blac —4C **14** (2G 2)
Myrtle Av. Poul F —3K **11**
Myrtle Av. T Clev —2E **6**
Myrtle Dri. K'ham —5F **21**
Mythop Av. Lyth A —6D **24**
Mythop Clo. Lyth A —6D **24**
Mythop Ct. Blac —1J **17**

Nairn Clo. Blac —3F **17**
Nansen Rd. Fltwd —3F **5**
Napier Av. Blac —4A **16**
Napier Clo. Lyth A —2D **22**
Nateby Av. Blac —5D **16**
Nateby Clo. Lyth A —4G **23**
Nateby Ct. Blac —4A **16**
Navena Av. Fltwd —4D **4**
Naventi Ct. Blac —5B **2**
Naze Ct. Frec —4E **26**
Naze La. Frec —4E **26**
Naze La. E. Frec —5F **27**
Naze La. Ind. Est. Frec —6E **26**
Ned's La. Stalm —2D **8**
Nelson Ct. Fltwd —3E **4**
Nelson Rd. Blac —7A **14** (8B 3)
Nelson Rd. Fltwd —3E **4**
Nelson St. K'ham —4D **20**
Nelson St. Lyth A —7E **24**
Nesswood Av. Blac —4D **16**
Nethway Av. Blac —3E **14**
Neville Av. T Clev —7D **6**
Neville Dri. T Clev —7G **7**
New Bonny St. Blac —5A **14** (3B 2)
Newbury Av. Blac —2C **16** (10F 3)
Newbury Rd. Lyth A —7E **22**
Newby Av. Fltwd —5C **4**
Newby Av. Poul F —7J **11**
Newby Pl. Blac —1G **17**
Newcastle Av. Blac —5C **14** (3G 2)
Newcastle Av. T Clev —3D **6**
Newfield Ct. Lyth A —5E **22**
New Hall Av. Blac —4G **17**
New Hall Av. N. Blac —4G **17**
New Hey La. Newt —5G **21**
Newholme Cvn. Site. Blac —7H **15**
Newlands Av. Blac —7D **14**
Newlands Rd. Lyth A —6H **23**
Newland Way. Poul F —7H **11**
New La. T Clev —1H **5**
Newlyn Av. Blac —5D **16**
Newlyn Ct. Blac —5D **16**
Newman Gro. T Clev —2D **6**
Newman Rd. Blac —1C **16**
New Rd. Hamb —4B **8**
New Rd. Lyth A —6A **16**
New Rd. T Clev —1H **11**
New Row. K'ham —4E **20**
New S. Promenade. Blac —4A **16**
Newton Av. Poul F —6H **11**
Newton Clo. Frec —4F **26**
Newton Dri. Blac —4C **14** (1G 2)
Newton Dri. E. Blac —2G **15**
Newton Gro. T Clev —1G **11**
Newton Pl. Blac —2F **15**
Newton Rd. Lyth A —4F **23**
Nightingale Dri. Poul F —6G **11**
Nithside. Blac —1H **17**
Noblett Ct. Fltwd —4E **4**
Noel Jones Ct. Lyth A —4D **22**
Nookfield Clo. Lyth A —6B **24**
Nook, The. Blac —4J **15**
Norbreck Ct. Blac —2B **10**
Norbreck Rd. T Clev —2B **10**
Norcliffe Rd. Blac —2B **10**
Norcross La. T Clev —1F **11**
Norfolk Av. Blac —5A **10**
Norfolk Av. T Clev —4D **6**
Norfolk Rd. Blac —7F **15**
Norfolk Rd. Lyth A —5C **24**
Norkeed Rd. T Clev —1B **10**
Norman Clo. T Clev —6E **6**
Normandie Av. Blac —5C **10**
Normoss Av. Blac —2F **15**
Normoss Rd. Blac —2G **15**
N. Albert St. Fltwd —1G **5**
N. Albion St. Fltwd —2F **5**
North Av. Blac —2C **14**
N. Church St. Fltwd —1G **5**
N. Clifton St. Lyth A —7C **24**
North Ct. T Clev —2C **6**
North Dri. T Clev —2C **10**
(in two parts)
North Dri. Wesh —3C **20**
Northfield Av. Blac —1A **14**
Northfleet Av. Fltwd —4D **4**
Northgate. Blac —4B **10**
Northgate. Lyth A —5C **22**
N. Houses La. Lyth A —4J **23**
North Pk. Dri. Blac —4D **14**
N. Promenade. Lyth A —3B **22**
North Shore Golf Course. —5B 10

Mythop Rd. Blac —1J **17**
Mythop Rd. Lyth A —6D **24**

North Sq. Blac —3C **14**
North Sq. T Clev —2B **6**
North St. Fltwd —1G **5**
Northumberland Av. Blac —7A **10**
Northumberland Av. T Clev —3D **6**
North Vw. K'ham —4C **20**
N. Warton St. Lyth A —7D **24**
Northway. Fltwd —5C **4**
Northwood Clo. Lyth A —7K **23**
Northwood Way. Poul F —6J **11**
Norton Ct. Lyth A —7E **22**
Norwich Pl. Blac —3C **10**
Norwood Av. Blac —1D **14**
Norwood Rd. Lyth A —3B **22**
Nuttall Rd. Blac —1C **16** (9F 3)
Nutter Rd. T Clev —5C **6**

Oak Av. Blac —2C **16**
Oak Av. K'ham —5E **20**
Oak Av. T Clev —7H **7**
Oak Dri. Frec —5D **26**
Oakgrove. Blac —4C **16**
Oakland Av. T Clev —2C **10**
Oak La. Newt —7J **21**
Oakleaf Ct. T Clev —3C **6**
Oakleaf Way. Blac —1J **17**
Oakmoor Av. Blac —4D **10**
Oaks, The. Poul F —3J **11**
Oak St. Fltwd —2F **5**
Oakwood Av. Lyth A —7K **23**
Oakwood Clo. Blac —6E **16**
Oakwood Clo. T Clev —5J **7**
Oban Pl. Blac —2D **10**
Occupation La. Poul F —4E **12**
Occupation Rd. T Clev —5G **7**
Ocean Boulevd. Blac —3A **16**
Ocean Ct. Kno S —1J **5**
Ocean Way. T Clev —4B **6**
Old Bri. La. Hamb —1C **12**
Oldbury Pl. T Clev —7E **6**
Oldfield Av. Blac —4B **10**
Old Fld. Carr La. Poul F —7J **11**
Oldfield Clo. Poul F —7K **11**
Oldfield Cres. Poul F —5K **11**
Old Ho. La. Blac —3H **17**
Old Mains La. Poul F —2A **12**
Old Meadow Ct. Blac —6D **14**
Old Meadows La. Blac —6D **14**
Old Row. K'ham —5E **20**
Old Tom's La. Stalm —1E **8**
Olive Gro. Blac —4D **14** (2G 2)
Olive Gro. W'ton —4A **26**
Ollerton Rd. Lyth A —6J **23**
Onslow Rd. Blac —2D **14**
Opal Clo. T Clev —1E **10**
Orchard Av. Blac —4B **16**
Orchard Av. Poul F —7K **11**
Orchard Clo. Frec —4D **26**
Orchard Clo. T Clev —3G **7**
Orchard Clo. W Grn —6J **19**
Orchard Dri. Fltwd —5D **4**
Orchard Rd. Lyth A —5D **22**
Orchards, The. Poul F —3G **11**
Orchard, The. W'ton —4B **26**
Ord Av. T Clev —7E **14**
Orders La. K'ham —5D **20**
Oregon Av. Blac —1D **14**
Orkney Rd. Blac —7B **14** (8E 3)
Ormerod St. T Clev —3G **7**
Ormond Av. Blac —1A **14**
Orme St. Blac —6B **14** (5E 2)
Ormont Av. T Clev —5D **6**
Ormrod Pl. Blac —7A **14** (7B 3)
Osborne Gro. T Clev —2C **6**
Osborne Rd. Blac —2A **16**
Osborne Rd. Lyth A —6E **22**
Osborne Rd. T Clev —2C **6**
Osbourne Av. T Clev —5E **6**
Oscar St. Blac —7E **14**
Oswald Rd. Lyth A —6E **24**
Otley Rd. Lyth A —4G **23**
Otterburn Clo. Blac —7G **11**
Outer Promenade. Fltwd —1C **4**
Outer Promenade. Lyth A —7G **23**
(in two parts)
Oval, The. Frec —2J **27**
Overdale Gro. Blac —7F **11**
Oxendale Rd. T Clev —5J **7**
Oxenholme Av. T Clev —3C **6**
Oxenhurst Rd. Blac —7F **15**
Oxford Ct. Lyth A —7J **23**
Oxford Dri. K'ham —5F **21**
Oxford Rd. Ans —7J **23**
Oxford Rd. Blac —4C **14** (1F 2)

Oxford Rd. Fltwd —3D **4**
Oxford Rd. Lyth A —3D **22**
Oxford Rd. T Clev —4B **6**
Oxford Sq. Blac —7D **14**
Oxford Way. Fltwd —3D **4**
Oxhill Pl. T Clev —1D **10**
Oxley Clo. K'ham —4C **20**
Oystercatcher Ga. Lyth A —4K **23**

Paddock Dri. Blac —7H **15**
Paddock, The. Poul F —3H **11**
Paddock, The. T Clev —7G **7**
Painley Clo. Lyth A —6B **24**
Palatine Clo. Stain —3H **15**
Palatine Rd. Blac —5B **14** (4D 2)
Palatine Rd. T Clev —3C **6**
Palfrey Clo. Poul F —2G **11**
Palm Dri. Poul F —2G **11**
Palmer Av. Blac —7B **14** (7E 3)
Parbold Clo. Blac —7E **10**
Park Av. Fltwd —3E **4**
Park Av. Lyth A —7K **23**
Parker St. Blac —4B **14** (1E 2)
Parkinson Av. Blac —1B **16** (10D 3)
Parkinson Way. Blac —1B **16** (10D 3)
Parkland Clo. T Clev —6B **6**
Park La. Wesh —2D **20**
Park Rd. Blac —4B **14** (2E 2)
Park Rd. K'ham —5C **20**
Park Rd. Lyth A —5D **22**
Park Rd. Poul F —4K **11**
Park Rd. T Clev —7G **7**
Parkside Rd. Lyth A —4F **23**
Parkside Vw. T Clev —3F **7**
Parkstone Av. Poul F —3G **11**
Parkstone Av. T Clev —7J **7**
Park St. Lyth A —7C **24**
Parksway. Kno S —1J **5**
Park Ter. W Grn —6J **19**
Pk. View Clo. Blac —4B **16**
Pk. View Rd. Lyth A —5C **24**
Parkway. Blac —3F **15**
Parox La. Nwtn —6H **21**
Parry's Way. Poul F —4J **11**
Partridge Av. T Clev —3E **6**
Pasture Fld. Poul F —2G **11**
Patterdale Av. Blac —7E **14**
Patterdale Av. Fltwd —6C **4**
Patterdale Av. T Clev —4G **7**
Paul's La. Hamb —5D **8**
Pavey Clo. Blac —2E **16**
Paythorne Clo. Blac —7G **11**
Pearl Av. Blac —7D **10**
Pedder La. Hamb —6C **8**
Pedder's La. Blac —3C **16**
Peel Av. Blac —2C **14**
Peel Hill. Blac —3K **18**
Peel Rd. Blac —3A **18**
Peel Rd. Fltwd —3E **4**
Peg's La. Lyth A —2B **24**
Peg Way. W'ton —4C **26**
Pelham Av. Blac —1D **14**
Pembroke Av. Blac —5A **10**
Pembroke Ct. Blac —5A **10**
Pembroke Rd. Lyth A —7J **23**
Pendle Clo. T Clev —7E **10**
Pendle Ct. Wesh —3D **20**
Pendle Pl. Lyth A —6D **24**
Penhill Clo. T Clev —1C **14**
Pennine Clo. Blac —5B **14** (4E 2)
Pennine Vw. K'ham —4F **21**
Pennyfarthing La. T Clev —5F **7**
Pennystone Rd. Blac —4A **10**
Penrhos Av. Fltwd —5D **4**
Penrith Av. T Clev —3C **6**
Penrose Av. Blac —1E **16**
Penswick Av. T Clev —6D **6**
Percy St. Blac —2B **14**
Percy St. Fltwd —2E **4**
Pershore Gdns. Blac —1G **15**
Pershore Rd. Lyth A —7G **23**
Perth Clo. T Clev —1E **10**
Peters Bldgs. Blac —3C **14**
(off Coleridge Rd.)
Peter St. Blac —4B **14** (1E 2)
Petros Ho. Lyth A —4D **22**
Pharos Ct. Fltwd —1G **5**
Pharos Gro. Fltwd —1G **5**
Pharos Pl. Fltwd —1G **5**
Pharos St. Fltwd —1G **5**
Pheasant Wood Dri. T Clev —2E **6**
Philip Av. K'ham —5E **20**
Pickering Clo. Lyth A —4G **23**
Pickmere Av. Blac —2D **16** (10G 3)
Pickmere Clo. T Clev —3F **7**

Ryburn Av.—Stainforth Av.

Ryburn Av. Blac —1D 16
Rydal Av. Blac —6B 14 (5D 2)
Rydal Av. Fltwd —2D 4
Rydal Av. Frec —4C 26
Rydal Av. Poul F —5J 11
Rydal Av. T Clev —6G 7
Rydal Lodge. Blac —7D 14 (6G 3)
Rydal Rd. Hamb —5D 8
Rydal Rd. Lyth A —3D 22
Ryden Av. T Clev —4C 6
Ryecroft Av. Hamb —6D 8
Ryecroft Pl. Hamb —5D 8
Ryeheys Rd. Lyth A —3D 22
Ryland Av. Poul F —5H 11
Ryldon Pl. Blac —7F 15
Ryson Av. Blac —1E 16

Sabden Pl. Lyth A —4H 23
Sackville Av. Blac —4B 16
Saer Clo. Fltwd —3C 4
Sagar Dri. Frec —4D 26
St Alban's Rd. Blac —5C 14 (4F 2)
St Albans Rd. Lyth A —4E 22
St Andrew's Av. T Clev —5C 6
St Andrews Ct. Lyth A —4C 22
St Andrew's Rd. N. Lyth A —3C 22
St Andrew's Rd. S. Lyth A —5D 22
St Anne's Ct. Blac —1B 16 (10E 3)
St Anne's Old Links Golf Course. —1B 22
St Anne's Rd. Blac —1B 16 (10E 3)
St Anne's Rd. E. Lyth A —4D 22
St Anne's Rd. W. Lyth A —5C 22
St Anthony's Pl. Blac —2B 14
St Anthony's Pl. K'ham —5D 20
St Bede's Av. Blac —1A 16 (10B 3)
St Bernard Av. Blac —2E 14
St Bernard's Rd. Kno S —1K 5
St Catherine Clo. Blac —7G 11
St Chads Clo. Poul F —6J 11
St Chad's Rd. Blac —7A 14 (8B 3)
St Clement's Av. Blac —4D 14
St Cuthbert's Clo. Lyth A —7B 24
St David's Av. T Clev —5C 6
St David's Gro. Lyth A —3C 22
St David's Rd. N. Lyth A —2C 22
St David's Rd. S. Lyth A —5D 22
St Edmund's Rd. Blac —1D 16
St George Ct. Blac —3C 14
St George's Av. Lyth A —4C 22
St George's Av. T Clev —6C 6
St George's La. Lyth A —5C 22
St George's La. T Clev —5C 6
St Georges Pk. K'ham —3B 20
St George's Rd. Blac —4B 16
St George's Rd. Lyth A —5C 22
St George's Sq. Lyth A —4C 22
St Helen's Ct. T Clev —4C 6
St Heliers Rd. Blac —7B 14 (8D 3)
St Hilda's Rd. Lyth A —3C 22
St Ives Av. Blac —6C 14 (6G 3)
St Ives Av. Frec —4D 26
St James Lodge. Lyth A —6F 23
St James Rd. Blac —4B 16
St John Av. Fltwd —4C 4
St John's Av. K'ham —5C 20
St John's Av. Poul F —3K 11
St Johns Av. T Clev —6J 7
St John's St. Lyth A —7D 24
St John's Wlk. Blac —4A 14 (1C 2)
St Johns Wood. Lyth A —7A 24
St Joseph's Clo. Blac —4D 14
St Leonard's Ct. Lyth A —3C 22
St Leonard's Rd. Blac —7E 14
St Leonard's Rd. E. Lyth A —3C 22
St Leonard's Rd. W. Lyth A —4C 22
St Louis Av. Blac —2E 14
St Luke's Rd. Blac —4B 16
St Margarets Ct. Fltwd —2F 5
(off Queen St.)
St Mark's Pl. Blac —1D 14
St Martins Clo. Poul F —3G 11
St Martin's Ct. T Clev —5E 6
St Martin's Rd. Blac —4B 16
St Marys Clo. Blac —7G 11
St Michael's Rd. Blac —5C 10
St Michael's Rd. K'ham —4F 21
St Monica's Way. Blac —1J 17
St Nicholas Gro. W Grn —5J 19
St Nicholas Rd. Blac —5F 17
St Patrick's Rd. N. Lyth A —3D 22
St Patrick's Rd. S. Lyth A —4E 22
St Paul's Av. Lyth A —7G 23
St Paul's Rd. Blac —1A 14
St Pauls Wlk. Lyth A —7H 23
St Peter's Pl. Fltwd —2G 5
St Stephen's Av. Blac —6A 10
St Stephens Rd. K'ham —5C 20
St Teresa's Av. T Clev —6C 6
St Thomas Clo. Blac —7G 11
St Thomas Rd. K'ham —5D 20
St Thomas Rd. Lyth A —5E 22
St Vincent Av. Blac —6D 14 (6G 3)
St Walburga's Rd. Blac —1E 14
Salcombe Av. Blac —6D 10
Salcombe Rd. Lyth A —2B 22
Salisbury Av. Kno S —1K 5
Salisbury Ct. Kno S —1K 5
Salisbury Rd. Blac —5C 14 (4F 2)
Salmesbury Av. Blac —6D 10
Salop Av. Blac —4B 10
Saltash Rd. T Clev —2G 7
Saltcotes Pl. Lyth A —6E 24
Saltcotes Rd. Lyth A —1D 24
Salthouse Av. Blac —6B 14 (6D 3)
Salt Marsh Clo. Hamb —6C 8
Salt Marsh La. Hamb —6C 8
Salwick Av. Blac —3C 10
Salwick Pl. Lyth A —3F 23
Sanderling Clo. Lyth A —4K 23
Sanderling Clo. T Clev —6E 6
Sandersons Way. Blac —2E 16
Sandfield. T Clev —5F 7
Sandgate. Blac —5C 16
Sandgate. Lyth A —4B 22
Sandhills Av. Blac —5A 16
Sandhurst Av. Blac —3A 10
Sandhurst Av. Lyth A —4D 22
Sandhurst Clo. K'ham —4C 20
Sandhurst Ct. Lyth A —5C 22
Sandhurst Grange. Lyth A —4D 22
Sandicroft Av. Hamb —6D 8
Sandicroft Rd. Blac —7B 10
Sandiways Clo. T Clev —7H 7
Sandon Pl. Blac —6B 16
Sandown Clo. K'ham —4B 20
Sandown Rd. T Clev —6G 7
Sandpiper Clo. Blac —3G 15
Sandpiper Ct. T Clev —5B 6
Sandpiper Pl. T Clev —6E 6
Sandridge Ct. Kno S —1K 5
(off Arnside Vw.)
Sandridge Pl. Blac —6A 16
Sandringham Av. T Clev —6G 7
Sandringham Ct. Lyth A —7J 23
Sandringham Lodge. T Clev —5B 6
Sandringham Rd. Lyth A —6F 23
Sands Way. Blac —6B 14 (7D 3)
Sandy Clo. T Clev —4B 6
Sandyforth Av. T Clev —4G 7
Sandy La. Blac —6F 17
Sandy La. Fltwd —7C 4
Sandy La. Hamb —6D 8
Santon Clo. Wesh —2D 20
Saville Av. Poul F —2G 11
Saville Rd. Blac —7B 14 (8D 3)
Savoy Bldgs. T Clev —5B 6
Sawley Av. Blac —5C 16
Sawley Av. Lyth A —5H 23
Sawthorpe Wlk. Poul F —5G 11
Saxby Gro. Blac —1E 16
Saxon Clo. T Clev —7G 7
Scafell Rd. Queen I —1F 23
Scale Hall La. Newt —7K 21
Scarborough Rd. Lyth A —2F 23
Scarsdale Av. Blac —5B 16
Schofield Av. Blac —2G 15
School La. Frec —3F 27
School La. K'ham —4E 20
School La. Lyth A —7B 24
School La. Newt —7J 21
School Rd. Blac —6F 17
School Rd. T Clev —6H 7
Scorton Av. Blac —2E 14
Scotswood Av. Blac —4C 16
Scott Clo. Blac —2E 16
Scott M. Blac —2E 16
Scudamore Cres. Blac —1C 16 (10F 3)
Seabank Rd. Fltwd —1F 5
Seabourne Av. Blac —3A 16
Seabrook Dri. T Clev —7D 6
Seacrest Av. Blac —1B 14
Seafield Rd. Blac —1A 14
Seafield Rd. Lyth A —7A 24
Sea Life Cen. —5A 14 (4B 2)
Seaside Way. Blac —5A 14 (4C 2)
Seathwaite Av. Blac —1H 17
Seaton Av. T Clev —3D 6
Seaton Cres. Lyth A —2B 22
Seattle Av. Blac —5D 10
Seaview Cvn. Site. W'ton —6K 25
Seaview Way. Fltwd —3G 5
Second Av. Blac —3B 16
Sedbergh Av. Blac —7E 14
Sedgefield Clo. Blac —4E 16
Sedgeley M. Frec —4D 26
Sedgley Av. Frec —4D 26
Sedwell Clo. Lyth A —6A 24
Seed St. Blac —3B 14
Sefton Av. Poul F —7J 11
Sefton Ct. Lyth A —4C 22
Sefton Rd. Lyth A —4E 22
Segar St. Wesh —3C 20
Selbourne Rd. Blac —3C 14
Selby Av. Blac —5C 16
Selby Av. T Clev —3E 6
Selby Rd. K'ham —4C 20
Senior Av. Blac —1E 16
Seniors Dri. T Clev —4E 6
Serpentine, The. Lyth A —7B 24
Serpentine Wlk. Lyth A —7B 24
Settle Ct. Lyth A —4H 23
Settle Pl. Lyth A —4H 23
Sevenoaks Dri. T Clev —1E 10
Seventh Av. Blac —3B 16
Severn Av. Fltwd —6C 4
Severn Rd. Blac —3A 16
Seville Ct. Lyth A —7J 23
Seymour Rd. Blac —7B 14 (8D 3)
Seymour Rd. Lyth A —7J 23
Seymour St. Fltwd —2E 4
Shackleton Rd. Frec —7E 20
Shaftesbury Av. Blac —6A 10
Shaftesbury Av. Stain —3G 15
Shaftesbury Av. T Clev —2B 6
Shaftesbury Clo. Lyth A —6J 23
Shaftesbury Ct. Blac —6B 10
Shakespeare Rd. Fltwd —2D 4
Shalbourn Rd. Lyth A —7F 23
Shannon St. Blac —6A 14 (5B 2)
Shap Ct. Fltwd —5C 4
Shard La. Hamb —2C 12
Shard Rd. Hamb —3B 12
Sharman Av. Lyth A —2E 22
Sharrow Gro. Blac —7C 14 (7F 3)
Shaw Rd. Blac —1A 16 (9B 3)
Shay, The. T Clev —1E 10
Shelley Gro. T Clev —7C 6
Shenstone Rd. Blac —2E 14
Shepherd Rd. Lyth A —3F 23
Shepherd Rd. N. Lyth A —3F 23
Shepherd St. Lyth A —7C 24
Sheppard St. Blac —4A 14 (2C 2)
Sherbourne Av. K'ham —4C 20
Sherbourne Clo. Poul F —3H 11
Sherbourne Ct. Poul F —3H 11
Sherbourne Rd. Blac —1A 14
Sherbourne Rd. Hamb —5D 8
Sheringham Av. T Clev —1C 10
Sheringham Way. Poul F —5K 11
Sherwood Av. Blac —1D 14
Sherwood Ct. Blac —1D 14
(off Sherwood Av.)
Sherwood Pl. T Clev —6E 6
Sherwood Rd. Lyth A —5H 23
Shetland Rd. Blac —7B 14 (8E 3)
Shipley Clo. Blac —7G 11
Shipley Rd. Lyth A —4G 23
Shirley Cres. Blac —2C 10
Shirley Heights. Poul F —3J 11
Shoppers Wlk. Lyth A —7C 24
(off Clifton St.)
Shore Grn. T Clev —4E 6
Shore Rd. T Clev —7B 6
Shore, The. Hamb —6C 8
Shortridge Rd. Blac —2E 16
Shrewsbury Clo. K'ham —4F 21
Shrewsbury Dri. T Clev —5F 7
Siding Rd. Fltwd —3F 5
Sidmouth Rd. Lyth A —2B 22
Sidney Av. Blac —6D 10
Silsden Clo. Blac —7G 11
Silverburn. Lyth A —3F 23
Silverdale. Blac —2D 10
Silverdale Av. Fltwd —5B 4
Silverdale Rd. Lyth A —4H 23
Silversmiths Row. Lyth A —4J 23
Silverwood Av. Blac —2B 16 (10E 3)
Silverwood Clo. Lyth A —7K 23
Silverwood Ct. Blac —2C 16 (10F 3)
Silvia Way. Fltwd —2D 4
Simon's Ter. Kno S —1K 5
Simpson St. Blac —2A 16
Sinclair Ct. Lyth A —4G 23
Singleton Av. Lyth A —4F 23
Singleton St. Blac —6A 14 (5B 2)
Sir Frank Whittle Way. Blac —6D 16
Sixfields. T Clev —1E 10
Sixth Av. Blac —3B 16
Skelwith Rd. Blac —7G 15
Skerryvore Cvn. Pk. Blac —4C 16
Skiddaw Rd. Blac —2E 16
Skippool Av. Poul F —3K 11
Skippool Rd. T Clev —1K 11
Skipton Av. Poul F —3H 11
Skipton Clo. Blac —1E 16
Skipton Rd. Lyth A —5G 23
Slaidburn Wlk. Blac —1F 15
Slater Rd. T Clev —5B 6
Slinger Rd. T Clev —4B 6
Sluice La. Lyth A —7G 17
Smith Rd. T Clev —5C 6
Smith St. Fltwd —4E 4
Smith St. K'ham —4C 20
Smithy Cft. Lyth A —5H 23
Smithy Fold. W Grn —6J 19
Smithy La. Lyth A —5H 23
Smithy M. Blac —2B 14
Snipe Clo. Blac —3G 15
Snipe Clo. T Clev —2E 6
Snowdon Clo. Blac —6C 14 (5G 2)
Snowdon Rd. Lyth A —1F 23
Snowshill Cres. T Clev —1E 10
Solway Clo. Blac —2B 10
Somerset Av. Blac —6C 14 (5G 2)
Somerset Ct. Blac —6C 14 (5G 2)
Sorrel Clo. T Clev —2E 6
South Av. T Clev —3B 6
South Bank. Blac —5D 16
Southbank Av. Blac —3F 17
Southbourne Av. Poul F —6H 11
Southbourne Rd. Blac —7E 14
S. Clifton St. Lyth A —7C 24
Southdown Dri. T Clev —7J 7
Southfield Dri. Blac —1H 15
Southfleet Av. Fltwd —5D 4
Southfleet Pl. Fltwd —5D 4
Southfold Pl. Lyth A —6B 24
Southgate. Fltwd —6C 4
South Hey. Lyth A —5H 23
South Holme. Lyth A —6D 24
S. King St. Blac —4B 14 (2D 2)
Southlands. K'ham —5D 20
South Lawn. Blac —7D 14
S. Moss Rd. Lyth A —4H 23
South Pde. T Clev —6D 6
South Pk. Lyth A —6A 24
S. Park Dri. Blac —7E 14
South Promenade. Lyth A —5C 22
South Sq. Blac —3C 14
South Sq. T Clev —2B 6
South Strand. Fltwd —7C 4
South St. Lyth A —6E 24
South Vw. K'ham —5D 20
S. Warton St. Lyth A —7D 24
Southway. Fltwd —5C 4
S. Westby St. Lyth A —7C 24
Southwood Av. Fltwd —3D 4
Southwood Clo. Lyth A —7K 23
Southworth Av. Blac —3D 16
Southworth Way. T Clev —2D 6
Sovereign Ga. Blac —5E 16
Sowerby Av. Blac —2C 16
Sower Carr La. Hamb —3D 8
Speedwell Clo. T Clev —2E 6
Spencer Ct. Blac —2B 14
Spen La. Trea —3H 21
Spen Pl. Blac —2E 16
Speyside. Blac —3C 16
Spinney, The. Poul F —4K 11
Spinney, The. T Clev —1E 10
(in two parts)
Springbank Av. T Clev —5H 7
Springbrook Av. T Clev —7D 6
Springfield Av. K'ham —4B 20
Springfield Ct. Blac —6D 14
Springfield Dri. T Clev —3G 7
Springfield Rd. Blac —3A 14 (1B 2)
Springfield Rd. Lyth A —5D 22
Springfield Ter. Fltwd —1F 7
Spring Gdns. Frec —2E 26
Spring Gdns. Lyth A —2E 22
Spring Hill. Frec —3G 27
Square, The. Blac —7F 15
Square, The. T Clev —2C 6
Squires Ct. Blac —5C 16
Squires Ga. Ind. Est. Blac —6D 16
Squires Ga. La. Blac —6A 16
Stable Clo. Wesh —3D 20
Stadium Av. Blac —5C 16
Stafford Av. Poul F —7J 11
Stainforth Av. Blac —3D 10

Staining Old Rd. *Blac* —2J **15**
Staining Old Rd. W. Blac —4J **15**
(off Nook, The)
Staining Ri. *Stain* —4J **15**
Staining Rd. *Blac* —2G **15**
Stamford Av. *Blac* —3C **16**
Stamford Clo. Lyth A —3C *22*
(off St Leonards Rd. W.)
Stanah Gdns. *T Clev* —5K **7**
Stanah Rd. *T Clev* —6J **7**
Stanhope Rd. *Blac* —2B **14**
Stanley Av. *Poul F* —5H **11**
Stanley Av. *T Clev* —5C **6**
Stanley Ct. *K'ham* —5E **20**
Stanley Ga. *Fltwd* —3C **4**
Stanley Pk. Clo. *Blac* —6E **14**
Stanley Rd. *Blac* —5B **14** (3D **2**)
Stanley Rd. *Fltwd* —3E **4**
Stanley Rd. *Lyth A* —7J **23**
Stanley Rd. *Wesh* —2C **20**
Stanley St. *Blac* —5E **20**
Stanmore Av. *Blac* —4E **14**
Stansfield St. *Blac* —1B **16** (9D **3**)
Starbeck Av. *Blac* —2C **16** (10F **3**)
Starfield Clo. *Lyth A* —6B **24**
Starr Ga. *Blac* —6A **16**
Starr Hills Nature Reserve. —7A **16**
States Rd. *Lyth A* —5G **23**
Station Rd. *Blac* —2A **16**
Station Rd. *Fltwd* —2F **5**
Station Rd. *Lyth A* —7C **24**
Station Rd. *Poul F* —4K **11**
Station Rd. *Poul F & Sing* —7D **12**
Station Rd. *T Clev* —6H **7**
Station Rd. *Wesh & K'ham* —3C **20**
(in two parts)
Station Rd. *W Grn* —5J **19**
Station Sq. *Lyth A* —7B **24**
Station Ter. *Blac* —2A **16**
Staveley Gro. *Fltwd* —4C **4**
Staynall La. *Hamb* —3A **8**
Steeton Rd. *Blac* —7G **11**
Stephen St. *Lyth A* —4D **22**
Stirling Rd. *Blac* —2B **14**
Stockdove Way. *T Clev* —4C **6**
Stockdove Wood. *T Clev* —4D **6**
(in two parts)
Stocks Ct. *Poul F* —5E **11**
Stocks La. *Poul F* —4F **11**
Stocks Rd. *Poul F* —5E **10**
Stockydale Rd. *Blac* —4F **17**
Stonechat Clo. *Blac* —3G **15**
Stoneway Rd. *T Clev* —6D **6**
Stoneygate. *T Clev* —6E **6**
Stoneyhurst Av. *T Clev* —7J **7**
Stoney La. *Frec* —5E **26**
Stoney La. *Hamb* —5D **8**
Stonycroft Av. *Blac* —5B **16**
Stonycroft Pl. *Blac* —5B **16**
Stony Hill Av. *Blac* —1A **16**
Stopford Av. *Blac* —6D **10**
Stork Clo. *T Clev* —6E **6**
Strand, The. *Blac* —4A **14** (1B **2**)
Strand, The. *Fltwd* —6B **4**
Stratford Pl. *Blac* —6D **14** (6G **3**)
Stratford Rd. *Blac* —2D **4**
Stratford Rd. *Lyth A* —5G **23**
Strathdale. *Blac* —3E **16**
Strathyre Clo. *Blac* —3E **10**
Stretton Av. *Blac* —2D **16**
Strickland's La. *Stalm* —1D **8**
Strike La. *Frec* —2E **26**
(in two parts)
Stronsay Pl. *Blac* —2E **10**
Stuart Pl. *Blac* —7F **11**
Stuart Rd. *T Clev* —5H **7**
Styan St. *Fltwd* —2F **5**
(in two parts)
Suffolk Rd. *Blac* —7F **15**
Summerfields. *Lyth A* —3B **22**
Summerville. *Blac* —4B **16**
Summerville Av. *Stain* —4J **15**
Summerwood Clo. *Blac* —7C **10**
Summit Dri. *Frec* —4F **27**
Sunderland Av. *Hamb* —5E **8**
Sunderland Av. *T Clev* —3D **6**
Sunfield Clo. *Blac* —3F **17**
Sunningdale Av. *Blac* —7F **15**
Sunningdale Av. *Fltwd* —7C **4**
Sunningdale Clo. *K'ham* —5D **20**
Sunningdale Ct. *St A* —5B **23**
Sunningdale Dri. *T Clev* —7J **7**
(in two parts)
Sunny Bank. *K'ham* —4C **20**
Sunny Bank Av. *Blac* —4B **10**

Sunny Bank Av. *Newt* —7K **21**
Sunny Bank Farm Ind. Est. *Hamb*
—6E **8**
Sunnyhurst Av. *Blac* —4C **16**
Sunnyhurst Pk. *Blac* —4C **16**
Sunnyside Av. *W'ton* —4A **26**
Sunnyside Clo. *Frec* —3E **26**
Sunset Holiday Hamlet. *Hamb* —3E **8**
Sussex Rd. *Blac* —3D **14**
Sutherland Rd. *Blac* —2B **14**
Sutherland Vw. *Blac* —2B **14**
Sutton Pl. *Blac* —5B **14** (4E **2**)
Swainson St. *Blac* —3B **14** (1D **2**)
Swainson St. *Lyth A* —7A **24**
Swallow Clo. *T Clev* —3F **7**
Swanage Av. *Blac* —4A **16**
Swarbrick Clo. *Blac* —2C **14**
Swarbrick St. *K'ham* —5D **20**
Swilkin La. *Poul F* —1F **9**
Swindon Av. *Blac* —2C **16**
Sycamore Av. *Blac* —5E **16**
Sycamore Trad. Est. *Blac* —5D **16**
Sydney St. *Lyth A* —5E **22**

Talbot Ct. *Lyth A* —3F **23**
Talbot Rd. *Blac* —4A **14** (1B **2**)
Talbot Rd. *Lyth A* —6D **24**
Talbot Sq. *Blac* —4A **14** (1B **2**)
Talbot Ter. *Lyth A* —7C **24**
Tarnbrick Av. *Frec* —3F **27**
Tarnbrook Dri. *Blac* —2F **15**
Tarn Ct. *Fltwd* —5C **4**
Tarn Rd. *T Clev* —1J **11**
Tarnside. *Blac* —1G **17**
Tarnway Av. *T Clev* —7J **7**
Tarzan's Adventureland. —3E **8**
Tatham Ct. *Fltwd* —5B **4**
Taunton St. *Blac* —1C **16** (10F **3**)
Taybank Av. *Blac* —3C **16**
Taylors Clo. *Poul F* —3H **11**
Taymouth Rd. *Blac* —4F **17**
Taywood Clo. *Poul F* —4A **12**
Taywood Rd. *T Clev* —3F **7**
Teal Clo. *T Clev* —3F **7**
Teal Ct. *Blac* —3G **15**
Teal La. *Lyth A* —4K **23**
Teanlowe Cen. *Poul F* —5J **11**
Tebay Av. *K'ham* —4F **21**
Tebay Av. *T Clev* —3C **6**
Teenadore Av. *Blac* —3D **16**
Tees Ct. *Blac* —1C **14**
Teesdale Av. *Blac* —1C **14**
Temple St. *Blac* —4A **14** (2B **2**)
Tennyson Av. *Lyth A* —6E **24**
Tennyson Av. *T Clev* —4F **7**
Tennyson Av. *W'ton* —4A **26**
Tennyson Rd. *Blac* —1E **14**
Tennyson Rd. *Fltwd* —2F **5**
Tensing Av. *Blac* —3C **10**
Terance Rd. *Blac* —2D **16**
Teviot Av. *Fltwd* —3C **4**
Tewkesbury Av. *Blac* —5C **16**
Tewkesbury Dri. *Lyth A* —5E **24**
Thames Rd. *Blac* —3A **16**
Thames St. *Newt* —7K **21**
Third Av. *Blac* —3B **16**
Thirlmere Av. *Fltwd* —6B **4**
Thirlmere Av. *Poul F* —4G **11**
Thirlmere Rd. *Blac* —2B **16**
Thirsk Av. *Lyth A* —4G **23**
Thirsk Gro. *Blac* —7C **14** (7F **3**)
Thistle Clo. *T Clev* —2E **6**
Thistleton Rd. *This* —7K **13**
Thomas St. *Blac* —2B **14**
Thompson St. *Wesh* —3C **20**
Thornbank. *Blac* —2G **15**
Thornber Gro. *Blac* —6C **14** (6F **3**)
Thorneycroft Clo. *Poul F* —3G **11**
Thornfield Av. *T Clev* —7J **7**
Thorn Gro. *Blac* —7D **14**
Thornham Ct. Blac —4D *14*
(off Hollywood Av.)
Thornhill Clo. *Blac* —5E **16**
Thornleigh Clo. *T Clev* —5F **7**
Thornton Av. *Lyth A* —3G **23**
Thornton Cen. *T Clev* —6H **7**
Thornton Ga. *T Clev* —3B **6**
Thornway Av. *T Clev* —7J **7**
Thornwood Clo. *Lyth A* —7K **23**
Threlfall Rd. *Blac* —7C **14** (8F **3**)
Throstle Way. *T Clev* —6E **6**
Thursby Av. *Blac* —4C **16**
Thursfield Av. *Blac* —2D **16**
Tinsley's La. *Pil* —2K **9**

Tithebarn Ga. *Poul F* —4J **11**
Tithebarn Pl. *Poul F* —4J **11**
Tithebarn St. *Poul F* —4H **11**
Todmorden Rd. *Lyth A* —3B **22**
Topping St. *Blac* —4A **14** (1C **2**)
Torentum Ct. *T Clev* —6H **7**
Toronto Av. *Blac* —5D **10**
Toronto Av. *Fltwd* —4C **4**
Torquay Av. *Blac* —7F **15**
Torside Gro. *Poul F* —5G **11**
Torsway Av. *Blac* —3E **14**
Totnes Clo. *Poul F* —3H **11**
Tourist Info. Cen. —4A **14**
(Blackpool)
Tourist Info. Cen. —5C **6**
(Cleveleys)
Tourist Info. Cen. —1H **5**
(Fleetwood)
Tourist Info. Cen. —5D **22**
(Lytham St Anne's)
Tower Clo. *T Clev* —3F **7**
Tower St. *Blac* —4A **14** (2C **2**)
Tower World. —4A **14** (2B **2**)
(Aquarium, Circus & Ballroom)
Towneley Av. *Blac* —2D **16**
Town End. *K'ham* —4D **20**
Town End. *Out R* —7K **9**
Town End. *T Clev* —5F **7**
Townshill Wlk. *Wesh* —3D **20**
Toy & Teddy Bear Mus. —4C 22
(off Clifton Dri. N.)
Trafalgar Rd. *Blac* —7A **14** (7B **3**)
Trafalgar St. *Lyth A* —5E **22**
Tranmere Rd. *Blac* —1C **16** (10G **3**)
Treales Rd. *Trea & Salw* —3H **21**
Trefoil Clo. *T Clev* —2F **7**
Trent Rd. *Blac* —3A **16**
Trent St. *Lyth A* —7E **24**
Tretower Way. *T Clev* —5J **7**
Trinity Clo. *Frec* —4E **26**
Trinity Gdns. *T Clev* —4F **7**
Troon Av. *T Clev* —7J **7**
Troughton Cres. *Blac* —2D **16**
Troutbeck Av. *Fltwd* —4C **4**
Troutbeck Cres. *Blac* —1J **17**
Troutbeck Rd. *Lyth A* —2C **22**
Trunnah Gdns. *T Clev* —4G **7**
Trunnah Rd. *T Clev* —4G **7**
Truro St. *Blac* —1C **16** (10F **3**)
Tudor Clo. *Poul F* —4F **11**
Tudor Clo. *T Clev* —6E **6**
Tudor Dri. *Frec* —7E **20**
Tudor Pl. *Blac* —4A **16**
Tudor Rd. *Lyth A* —3C **22**
Turkey St. *Out R* —5H **9**
Turnberry Av. *T Clev* —7J **7**
Turnberry Clo. *K'ham* —5D **20**
Turnstone. *Blac* —3G **15**
Tuxbury Dri. *T Clev* —7J **7**
Tuxford Rd. *Lyth A* —5H **23**
Tweed St. *Lyth A* —5D **22**
Twickenham Pl. *Lyth A* —5J **23**
Tyldesley Rd. *Blac* —6A **14** (6B **3**)
Tyne Av. *Blac* —1C **14** (3G **2**)
Tyne Clo. *T Clev* —2D **6**
Tynedale Pl. *Blac* —7G **11**
Tynedale Rd. *Blac* —7F **11**
Tyrone Av. *Blac* —6C **10**

Ullswater Av. *Fltwd* —6C **4**
Ullswater Av. *T Clev* —6G **7**
Ullswater Clo. *Hamb* —5D **8**
Ullswater Cres. *T Clev* —6G **7**
Ullswater Rd. *Blac* —2B **16**
Ulverston Cres. *Lyth A* —4H **23**
Underbank Rd. *T Clev* —5A **8**
Union La. *Pil* —2H **9**
Union Pas. K'ham —4D *20*
(off Marsden St.)
Up. Lune St. *Fltwd* —1G **5**
Up. Westby St. *Lyth A* —7B **24**
Upwood Clo. *Blac* —3D **10**
Usk Av. *T Clev* —5J **7**

Valentia Rd. *Blac* —5C **10**
Vale Royal. *K'ham* —4F **21**
Valeway Av. *T Clev* —7C **6**
Vance Rd. *Blac* —5A **14** (3C **2**)
Ventnor Av. *Blac* —4A **16**
Venture Rd. *Fltwd* —1F **7**
Vermont Gro. *T Clev* —7D **6**
Vernon Av. *Blac* —6D **14**
Vernon Av. *W'ton* —4B **26**
Vernon Rd. *Lyth A* —2D **22**

Verona Ct. *T Clev* —5F **7**
Vicarage Av. *T Clev* —4C **6**
Vicarage Clo. *Lyth A* —3E **22**
Vicarage Clo. *W Grn* —5J **19**
Vicarage La. *Blac* —1D **16**
Vicarage La. *Mart* —1D **16**
Vicarage La. *Newt* —6K **21**
Vicarage Rd. *Poul F* —5J **11**
Victoria Rd. *K'ham* —4C **20**
Victoria Rd. *Lyth A* —6E **22**
Victoria Rd. *Poul F* —4K **11**
Victoria Rd. E. *T Clev* —6E **6**
Victoria Rd. W. *T Clev* —5B **6**
(in two parts)
Victoria Sq. *T Clev* —5C **6**
Victoria St. *Blac* —4A **14** (2B **2**)
Victoria St. *Fltwd* —1G **5**
Victoria St. *Lyth A* —7D **24**
Victory Rd. *Blac* —3B **14** (1F **2**)
Village, The. *Sing* —7F **13**
Village Walks. *Poul F* —5J **11**
Village Way. *Blac* —3C **10**
Vine Cvn. Pk. *W'ton* —6K **25**
Vine Ct. Blac —1F *17*
(off Gosforth Rd.)
Vulcan Rd. *Frec* —1E **26**

Waddington Ct. *Lyth A* —5H **23**
Waddington Rd. *Lyth A* —4G **23**
Wades Ct. *Blac* —7E **10**
Wades Cft. *Frec* —4F **27**
Wakefield Rd. *Blac* —4D **10**
Walesby Pl. *Lyth A* —6J **23**
Walker's Hill. *Blac* —3F **17**
Walker St. *Blac* —3A **14** (1B **2**)
Walker Way. *T Clev* —3G **7**
Waller Av. *Blac* —3B **10**
Wall St. *Blac* —2B **14**
Walmer Rd. *Lyth A* —3E **22**
Walmsley St. *Fltwd* —2F **5**
Walney Pl. *Blac* —2F **15**
Walpole Av. *Blac* —5A **16**
Walter Av. *Lyth A* —1F **23**
Walter Pl. *Lyth A* —1F **23**
Walter Robinson Ct. *Blac* —3C **14**
Waltham Av. *Blac* —5C **16**
Walverden Av. *Blac* —2C **16**
Wansbeck Av. *Fltwd* —4C **4**
Wansbeck Ho. *Fltwd* —4D **4**
Wanstead Cres. *Blac* —1D **16**
Warbreck Ct. *Blac* —7A **10**
Warbreck Dri. *Blac* —7A **10**
Warbreck Hill. *Blac* —6D **10**
Warbreck Hill Rd. *Blac* —1A **14**
Ward Av. *T Clev* —4C **6**
Wardle Dri. *T Clev* —4E **6**
Wardley's La. *Hamb* —3B **8**
Ward St. *Blac* —1A **16** (9C **3**)
Ward St. *K'ham* —5D **20**
Wareham Rd. *Blac* —7E **10**
Wareham Rd. Ind. Est. *Blac* —7E **10**
Waring Dri. *T Clev* —4F **7**
Warley Rd. *Blac* —1A **14**
Warren Av. N. *Fltwd* —2E **4**
Warren Av. S. *Fltwd* —2E **4**
Warren Dri. *T Clev* —7C **6**
Warren Gro. *T Clev* —7D **6**
Warrenhurst Rd. *Fltwd* —2F **5**
Warren St. *Fltwd* —1G **5**
Warton Aerodrome. *W'ton* —6A **26**
Warton St. *Lyth A* —7D **24**
Warwick Av. *T Clev* —3E **6**
Warwick Pl. *Blac* —1G **15**
Warwick Pl. *Fltwd* —1F **5**
Warwick Rd. *Blac* —2C **16**
Warwick Rd. *Lyth A* —5E **22**
Wasdale Rd. *Blac* —2F **17**
Washington Av. *Blac* —6D **10**
Washington Ct. *Blac* —6D **10**
Watchwood Dri. *Lyth A* —5C **24**
Waterdale. *Blac* —3D **10**
Waterfoot Av. *Blac* —3D **14**
Waterfront Marine Bus. Pk. *Lyth A*
—6F **25**
Waterhead Cres. *T Clev* —2B **10**
Waterloo Rd. *Blac* —1A **16** (10B **3**)
Waters Reach. *Lyth A* —7J **23**
Waters Reach. *T Clev* —4B **6**
Watson Rd. *Blac* —3A **16**
Waverley Av. *Blac* —1B **14**
Waverley Av. *Fltwd* —3C **4**
Waxy La. *Frec* —3F **27**
Way Ga. *T Clev* —2C **6**
Wayman Rd. *Blac* —3C **14** (1G **2**)
Wayside. *Kno S* —1J **5**